一本书读懂采购

肖 潇◎著

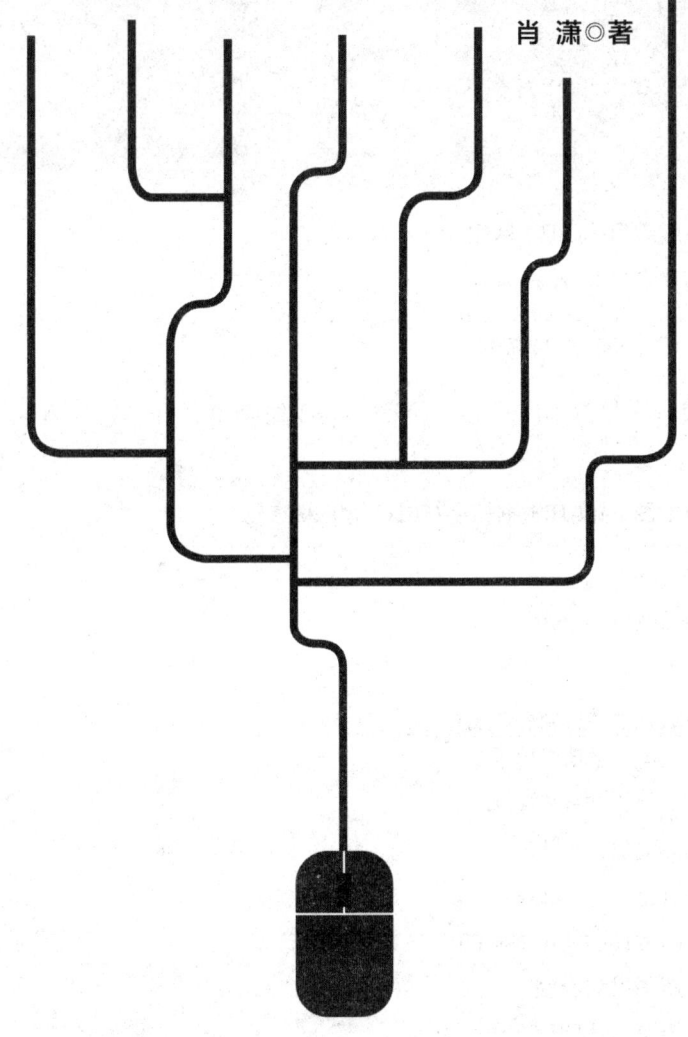

天津出版传媒集团

天津科学技术出版社

图书在版编目（CIP）数据

一本书读懂采购 / 肖潇著. -- 天津 : 天津科学技术出版社, 2017.5（2025.2重印）
ISBN 978-7-5576-2477-4

Ⅰ. ①一… Ⅱ. ①肖… Ⅲ. ①采购-基本知识 Ⅳ. ①F713.3

中国版本图书馆CIP数据核字(2017)第059225号

一本书读懂采购
YIBENSHU DUDONG CAIGOU

责任编辑：方　艳

出　　版：	天津出版传媒集团 天津科学技术出版社
地　　址：	天津市西康路35号
邮　　编：	300051
电　　话：	(022) 23332695
网　　址：	www.tjkjcbs.com.cn
发　　行：	新华书店经销
印　　刷：	天宇万达印刷有限公司

开本 710×1000　1/16　印张 18　字数 134 000
2025年2月第1版第5次印刷
定价：49.80元

序一

前因后果说采购

在美国,采购曾被称为一个人在公司里"最后的一站地",意味着一个人要是在公司里什么都干不了,最后连采购这种"花钱买东西"的事儿都做不了,那么这个人在公司里可能真是百无一用了。所以在过去很长的时间里,采购被认为不需要专业度,做采购的通常被认为是公司里"打杂的"。

如今,采购普遍受到人们的重视,甚至成为不少公司的核心竞争力,采购职位的重要性也与日俱增。据统计,国内外很多具备一定规模的企业都设置了CPO(Chief Purchase Officer,首席采购官),也就是说,采购部的"头儿"跟人们一向"艳羡"的CEO(Chief Executive Officer,首席执行官)、CFO(Chief Finance Officer,首席财务官)、COO(Chief Operating Officer,首席运营官)、CMO(Chief Marketing Officer,首席市场官)等同处于"C"级别,采购的战略重要性获得企业的高度重视。如今，做采购的再也不会被认为是"打杂的"，而是很多人努力追求的、需要具有专业度的"复合型人才"。

那么，人们对采购的认识为什么会发生这样的转变呢？因为市场环境已变，企业发展策略已变。

关于企业的发展策略，主要有纵向集成（也称为"竖向集成"）和横向集成两种。纵向集成是一个企业拥有一个供应链中多个部分的发展策略，一个高度纵向集成的企业，可以控制从原料生产到产品零售的几乎全部环节。一般来说，选择纵向集成策略的企业，大多是为了更好地控制物流、交流信息和降低成本。然而，纵向集成度高的企业往往规模庞大，管理机构复杂，与外界接触较少，不能迅速了解外界的变化，从而导致其反应速度较慢。不仅如此，纵向集成度高的企业通常有操纵市场与产业链、涉嫌"垄断"的嫌疑，所以选择纵向集成的企业发展到一定阶段时，往往会受到所在国家和地区的相应处理。

其中的典型是美国"石油大王"约翰·洛克菲勒创办的标准石油公司，该公司创立于1870年，到19世纪末20世纪初时，标准石油公司发展为一家综合了石油生产、提炼、运输与营销等石油产业链的公司，纵向集成度非常高。1911年，美国政府认定标准石油公司是一家垄断机构，经美国最高法院裁决，标准石油公司被正式解散，并被拆解成34个独立公司。

由于在"奉行"纵向集成的时期，企业在所处的产业链里几乎"无所不作"，这就使得企业生产所需的原料在很大程度上都是依靠自制，企业很少需要向本产业链里的其他企业购买产品，这就使得企业采购对生产经营的影响非常小，因此，纵向集成时期的企业并不认为采购还需要"专业度"，那时的人们也是很难理解"专业做采购"的。

随着社会分工的日益深入，产业链越来越提倡专业分工，进而优化产业链中的各个环节。于是，竖向集成逐渐减弱，外包战略日渐盛行，企业的供应链逐渐向供应商延伸。尤其是在企业注重核心竞争力的背景下，企业把大批的非核心竞争力外包给供应商，以便于自己集中精力做好核心业务；久而久之，企业渐渐丧失了非核心业务方面的生产能力，从而进一步增强了对供应商的依赖。这使得企业的横向集成日益明显，即企业需要同供应商展开积极的合作，通过采购来满足生产经营所需的原料和服务。

举例来说，在汽车行业，将近80%的产品成本来自供应商，可以说，世界上没有任何一家汽车企业有能力生产汽车上所需的全部零部件和系统总成。我们以丰田的卡罗拉轿车为例，仪表板绝缘层、安全气囊、转向柱轴承、油门踏板、交流发电机、发动机盖、发动机固定支架、油箱、车徽等众多部件，技术和系统总成来自不同的供应商，如果离开了产业链中供应商的配合，可以坦率地说，一个汽车厂商是难以实现正常生产与经营的。

在很多情况下，企业能否实现正常的生产经营，与采购品质、采购竞争力强弱有着很大关系。比如，产品一般都是由不同的零部件组成的，假如有些采购来的零部件质量不佳，就会直接影响产品的质量；假如零部件的交货期没有保障，就会影响企业的生产计划；假如零部件的成本无法控制，就会影响企业的经营成本。此外，如何筛选出优质的供应商，如何对供应商进行成本分析、对本企业进行成本分析，如何预测企业的采购品类与数量，如何把采购从传统单一的"花钱中心"变成一个"盈利中心"，解决这些问题都需要具备较强的采购专业度。

正因为这样，我们编写的本书才侧重于解决"如何专业做采购"，帮助你在采购职业上赢得辉煌！另外，无论我们是否选择采购作为自己的职业，我们在生活中都会经常面临各种采购决定（如买房、买车、买其他生活用品等），因此，读者通过本书了解一些必要的采购知识和技能，也有助于提升日常生活中的采购技能，让自己不花冤枉钱，让自己买得对、花得值、用得好。

本书按照人们阅读的思维次序，分为八章，内容由浅入深，涵盖了采购的各个方面。本书语言质朴，又不乏幽默诙谐，还提供了大量采购表格工具，事理融合，案例丰富，"刨"与"嚼"了众多采购故事中的得失，不仅可以作为一本采购专业书籍，帮助读者快速入门采购实战，还有助于提升读者的综合职业素养。

总之，每个企业都处于相应的供应链之中，对供应链的有效管理会直接影响企业的经营状况。采购则是企业经营供应链的重要手段与途径，也是影响企业经营成果的重要因素。因此，提高采购专业度，提倡专业做采购，是每个采购人义不容辞的职责，也是企业优化内外环境的重要举措。

最后，祝大家赢在采购！

肖潇
2017年3月

序二

卖得好的前提是买得好

什么样的产品（服务）是好产品（服务）？什么样的企业是好企业？我们在生活中不免经常产生这样的疑问。但毋庸置疑的是，好企业一定有畅销的产品，如果没有畅销的产品，企业的利润就会成为"无源之水"；企业利润状况糟糕，就会影响企业的正常生产与经营；企业"过日子"都困难，显然难以符合"好企业"的标准。可见，企业要越来越好，必然要有卖得好的产品（服务），舍此绝无他途。

相信没有哪个企业不想让自己的产品"卖得好"的，可是，产品如何才能"卖得好"呢？能良好地满足顾客的特定需求必然不可缺少。举例来说，顾客买辆汽车，发现车门把手一拽就脱落了，发动机"三天两头"坏，得经常到汽车修理厂维修等，这种功能不稳定、质量不达标的汽车，显然难以称"好"。实际上，如果我们用心观察，就会发现，一个产品通常由多个部分组成，其中不少部件是企业从外部采购的。我们再以手机为例，手机上的听筒、麦克风、摄像头，乃至主板、CPU等众多部件都是手机厂商从供应商处采购的，假如使用手机时，某个部件出现质量问题，我们往往会"迁怒"于手机厂商，对该产品及手机厂商打心眼儿里给"差评"。

可见，产品要想质量好，构成产品的零部件就要好；零部件有问题，往往会影响产品的整体质量。中国有句古训"千里之堤，毁于蚁穴"，也就是说千里长的河堤，往往因为其中一个微小的部分出现蚁穴（相当于产品中某个零部件出现质量问题）而被毁坏。在现实中，很多产品出现质量问题，往往就是因为个别零部件出现了质量问题。

因此，产品"卖得好"的一个重要前提是质量好，产品质量好的一个重要前提是各个零部件质量要好。由于产品的很多零部件不是企业生产的，而是供应商生产的，企业只是从供应商处采购来用，所以，企业只有做好采购，才能确保买到自己需要的零部件等生产原料。

产品"卖得好"，但是企业的经营成本，尤其是采购成本非常高，使得企业利润维持在极低的水平，这样的话，企业没有利润做保障，就难以有后续更大的发展，也不利于形成经营上的良性循环。故，企业既要实现产品"卖得好"，还要实现"利润佳"，企业有了客观的利润，才能持续提升内部员工的待遇，做更多的社会福利，更好地回馈顾客，才会被越来越多的人说"好"。可以说，成本是利润的"克星"，不能有效遏制成本、控制成本，即便企业一时"卖得好"，赚了些钱，也会很快被成本稀释掉。由于采购成本在企业经营成本中占比很大，所以，有效降低采购成本，就能直接降低企业的经营成本。正因为如此，持续降低采购总成本一直是采购员要做的重要工作。

另外，不但要企业"卖得好""利润佳"，还要"流程高效"，从而对顾客的反馈有快速的响应机制，在企业内部有高效的协调与配合，减少不必要的摩擦，实现内部高效运转，这样才能使企业的产品流、信息流和资金流高度整合，真正提升企业的竞争力。相对来说，采购几乎涉及企业的各个部门，实现采购流程优化，本身就是对企业"流程高效"的落实。因此，企业只要做好采购工作，做到"买得好"，一定能够实现"卖得好"，从而降低企业的经营成本，提高企业的效益。

  基于此，我们说：卖得好的前提是买得好！做到"买得好"，才能"卖得好"！

目录

第一章 走进采购的世界

什么是采购 / 002

采购决定企业成本的60% / 006

采购是个技术活儿 / 009

常见的采购方式 / 013

采购业务流程 / 017

采购与各部门的关系 / 021

采购需要掌握的财务常识 / 025

采购需要掌握的质量常识 / 029

像销售一样做采购 / 032

采购警钟一：三鹿奶粉事件 / 035

采购警钟二：丰田刹车门事件 / 038

第二章 制订采购计划和预算

好的采购计划是成功的前提 / 042

积极筛选有效的采购需求 / 044

制订采购计划时要考虑的因素 / 046

用MRP（物料需求计划）制订采购计划 / 049

采购计划与供应链经营 / 052

如何确定适当的采购数量 / 054

采购预算：怎样编制"花钱计划" / 058

确保采购计划执行不走样 / 061

范本一：采购申请单据 / 063

范本二：采购计划表和预算表 / 065

第三章 供应商关系管理

寻找供应商时有哪些渠道 / 068

如何筛选出最适合的供应商 / 071

处理供应商关系的"八字方针" / 076

不要被供应商牵着鼻子走 / 079

持续对供应商进行绩效考核 / 081

不要热衷于淘汰供应商 / 084

如何确保供应商的交货期 / 086

ESI：早期供应商参与 / 089

VMI：供应商管理库存 / 092

"猎人模式"与"牧人模式" / 095

关于供应商的集成管理 / 098

第五章 采购合同与订单管理

签订采购合同的步骤 / 134
签订采购合同时的注意事项 / 137
采用保证金方式来保证合同的履行 / 140
合同欺诈与纠纷的处理 / 143
采购合同的变更 / 147
合同管理中的主要风险点 / 150
采购订单的日常处理 / 154
采购中的及时交货管理 / 157
范本一：采购合同 / 160
范本二：采购订单 / 163

第四章 采购谈判与价格控制

三句话告诉你什么是谈判 / 102
谈判的理想境界是双赢 / 105
谈判中如何布局与开局 / 108
不可不知的商务谈判礼仪 / 111
如何组建谈判团队 / 115
谈判高手的"六脉神剑" / 118
透视供应商的成本 / 121
供应商报价背后的那点事 / 124
巧辨供应商报价中的水分 / 127
常见的谈判压价技巧 / 130

第六章 采购品质管理

观点：采购部是一个利润中心 / 166

如何用规格描述产品质量 / 169

用制度管理采购品质 / 172

采购验收质量管理 / 176

采购质量，必须从源头控制 / 180

TQM：引入全面质量管理 / 183

通用电气公司的六西格玛管理 / 187

采购品质管理案例集锦 / 190

范本一：质量保证协议书 / 197

范本二：采购质量控制表 / 201

第七章 采购人员绩效管理

采购工作的机遇与挑战 / 204

采购人员的KPI有哪些 / 207

哪些采购人员易出问题 / 210

哪类产品易导致采购人员出问题 / 214

"三位一体"的道德采购 / 217

采购必能回答的四个问题 / 220

采购人有哪些证书可以考 / 223

采购人员职业规划：从菜鸟到行家 / 226

范本一：采购经理绩效标准表 / 229

范本二：采购员绩效考核表 / 232

附录A

采购常见英文缩写对照

附录B

采购常见英语场景

后记

从小采购到大采购

第八章 持续降低采购总成本

企业采购成本的构成 / 234

采购成本分析中的VA/VE法 / 237

采购中的"5R"原则 / 240

三步掌握采购成本分析 / 243

商务渠道降成本 / 246

采购流程优化降成本 / 249

改进技术降成本 / 252

采购发展的五个阶段 / 255

案例分析:沃尔玛的全球采购 / 258

第一章　走进采购的世界

我国春秋时期著名的思想家老子说："合抱之木，生于毫末；九层之台，起于垒土；千里之行，始于足下。"也就是说，合抱的大树是经由细小的幼苗长成的，九层的高台是经由一筐一筐泥土砌成的，千里远的行程是从脚下开始的。诚然，对于每个从事采购职业的人来说，从职业入门，到熟悉，再到精通与出类拔萃，以及在某个职位上纵横捭阖、才华尽现，总会经历一个青涩的开始阶段。

采购看似像花钱买东西，仿佛人人皆可做，但要真正买对、买好，并作为企业经营中一项具有战略高度的职能且将其做好，却非小事，也非易事，因此，采购对于企业经营的作用不容小觑。君不见，有多少一度辉煌的企业，由于采购环节出了问题而功亏一篑，甚至有企业还为此"丢了性命"，陷入倒闭破产的绝境。读到此，想必您对如何做好采购工作已经摩拳擦掌、跃跃欲试，莫急，"万丈高楼平地起"，凡事皆有开始，让我们迈进采购的世界，循序渐进，来一睹采购的风采！

什么是采购

所谓采购,是指企业在一定的条件下从供应市场获取产品或服务作为企业资源,以保证企业生产及经营活动正常开展的一项经营活动。在采购的发展历程中,经历了从传统采购到战略采购的发展过程。在传统采购中,人们对采购工作的认识普遍存在以下几个误区:

误区一:认为采购就是"杀价",价格越低越好

有些人认为,做采购就要热衷于同供应商打价格战,把价格一再压低,并将获得最低的采购价格视为采购的"成功"。这往往是采购工作中一个典型的误区。采购人员之所以这样做,是因为忽略了采购的总成本。

俗话说"买的没有卖的精",供应商看似在价格上已经没有了盈利的空间,但是他会通过其他渠道来挽回损失,比如降低材料质量、交货时间不准、服务水准下降等。结果,采购人员看起来"占了便宜"的交易却饱经磨难,甚至在后续使用中要付出更大的代价。所以,采购人员不仅要关注单价,更要关注采购的总成本。

误区二:认为做采购就可以"吃、拿、卡、要",不吃白不吃,不拿白不拿

有些人认为,采购是一个"肥差",很大程度上掌握着选择哪家供应商的"权力"，供应商有"求"于自己，认为"有权不用，过期作废"，所以在采购过程中为自己牟取私利。这种观念和行为不仅有违采购的职业道德，还加剧了采购中的风险。

对于任何一个管理规范的企业而言，都不会允许上述现象发生，企业在强化内部控制的基础上，总会致力于打造一支坚守道德规范的采购团队，从而防止采购中的"贪腐"现象发生。

误区三：认为企业要经常更换采购人员，以预防"采购腐败"

有些企业认为，采购工作不过是花钱买货，容易成为滋生问题的温床，为了控制采购人员的不道德交易给企业带来损害，会经常更换采购人员，以防止"采购腐败"。为此，一些企业甚至明文规定，采购人员不得连续任职超过3年，期满要转岗到其他部门工作等。

上述做法固然在一定程度上有助于遏制采购腐败，但是忽视了采购工作的专业性。由于采购在企业生产经营中所起的作用越来越大，因此采购已经不再仅仅是一个简单的事务性工作，而是一项专业性很强的工作。频繁地转岗，既不利于采购人员职业能力的积淀，也不利于采购工作能力的培养和提高。

误区四：认为做采购就要会急催货，然后慢慢付款

有些人认为，做采购就是在拿货的时候，要学会如何催供应商快速发货，在收到货物后，到了付款环节，却不着急了，即便供应商不断催促，还是非常淡定，能拖多久就拖多久，仿佛为所在的企业"减少"了支出一样。

其实，上述做法很不利于采购人员所在企业商业信誉的培养，更不利于同供应商关系的健康发展，最终会影响企业的健康发展。一般来说，每个企业都处于特定的供应链之中，如果企业只顾自己的私利，不管上游供应商的死活，那么，企业就会动摇甚至丧失其良性可持续发展的根基。

随着社会的发展以及采购工作重要性的凸显，从传统采购走向战略采购，成为当前采购发展的趋势。我们判断一家企业是否具备战略采购的思

想,主要基于下述关键特征:

1. 从关注单价到关注采购总成本

一般来说,采购总成本的本质是采购材料的生命周期成本。也就是说,材料的生命周期从与供应商谈好单价,到材料交付、运输、检验、储存、使用、转化成相应的产品,直至产品被客户接受或者被客户投诉并处理完投诉的整个过程,在这个过程中,附加在材料单价之上的各种费用支出之和构成了材料整个生命周期的成本。

2. 企业与供应商的关系由短期交易到长期合作

传统采购只关注单价,使得企业会基于价格因素而频繁地更换供应商,不利于同供应商形成稳定的伙伴关系。在战略采购中,企业与供应商彼此视为伙伴关系,双方致力于长期合作,有助于双方实现共赢式发展。

3. 供应商由分散到集中,数目由多到少

传统采购只关注单价,谁的材料价格便宜就买谁的,使得供应商很分散,数目也很多。而战略采购,一般强调高度集中的采购,供应商的数目也会随之变少。

我们知道,采购追求的是质量优、成本低、交货准、服务好。从质量方面来看,由于不同的供应商遵循着不同的质量标准,而且在质量水平上参差不齐,因此如果供应商数量过多,就会使得材料质量波动大、不稳定,同时加大了检验次数和检验费用,倘若从供应商中确定出表现优秀的供应商,就会让质量有更好的表现;从成本方面来看,供应商数量多、货源多,会使得企业采购数量分散,不便于形成数量优势和规模效应,反之,企业可以通过采购规模效应争取到更好的价格优势以及更低的采购总成本;从交货与服务方面来看,企业实施集中采购有助于企业成为供应商的大客户,由于供应商普遍奉行"大客户优先"的原则,因此供应商在产能分配、供货保障、技

支持与服务上，都会不同程度地向企业倾斜，更充分地满足企业的需求。

4. 采购部门的角色由被动执行到主动参与

传统采购将采购视为一项简单的事务性工作，主要是简单的下单、跟催、验货、付款等事项，采购只是被动地执行需求部门提出的采购需求；战略采购则高度重视采购对于企业经营的重要性，强调采购的专业性，将采购作为企业的一项战略职能，使得采购人员积极主动地参与到企业的经营中来。

总之，我们要与时俱进，正确地理解采购，树立科学的采购观。

采购决定企业成本的60%

一般来说，在企业经营的成本构成中，采购的原材料及零部件成本占企业总成本的比重会因行业的不同而不同，在30%～90%之间，平均水平在60%以上。我们以制造型企业为例，采购成本（包括采购原材料和零部件）一般要占60%，人力资源投入要占20%，其他各种费用约占20%。我们由此可以清楚地看到，采购成本是企业成本控制中的主体和核心部分，能否做好采购是企业（尤其是制造型企业）成本控制中最有价值的部分。

基于采购在企业经营成本中所占的巨大比重，采购对企业的经营状况也有着非常重要的影响，这主要体现在以下六个方面：

1. 影响企业的成本结构

企业的存在往往是为了满足某种市场需求，企业的产品便是满足相应市场需求的载体，企业经营中的各项费用主要是围绕产品如何更好地满足市场需求而支出的。在产品的成本构成中，采购环节中形成的材料成本所占的比重往往最大，如果企业不能有效降低采购成本，就难以从根本上改善成本结构。因此，企业有效降低采购成本，有助于从整体上降低总成本。

2. 影响产品质量

任何产品都是上游产品整合后的结果，如果采购的材料质量不合格或者不稳定，就会直接影响产品的质量与稳定性，从而导致企业在其他环节（如售后环节）成本的升高，甚至使得企业丧失市场份额。在很多现实案例中，产品质量不合格的背后，往往与采购的材料质量不佳甚至以次充好有关。

3. 影响产品的交付与上市

企业的正常生产经营，通常需要采购工作的大力支持，毕竟"巧妇难为无米之炊"。举例来说，一个汽车制造厂要如期推出某款车型，自然离不开各零件供应商在零件供应方面的支持，如果企业采购不到相应的零部件，企业的产品上市就要推迟。其实，在各行各业，采购对企业的生产经营普遍起着不可替代的作用。

4. 影响企业对外部环境的反应能力

在企业的竞争力构成中，企业对外部环境的快速反应能力是一个重要的组成部分。基于此，采购中材料的准时交货，以及对库存的控制都会提高企业对外部环境的反应能力。比如，企业发现了一个绝佳的市场机遇，要迅速大量生产某款产品，然而采购的材料如果迟迟不能交货，就会影响企业对市场的最佳切入时机。又如，根据市场的变化，企业要进行产品转型，却发现过量的库存占用了企业大量的资金，这就会影响企业经营调整方面的机动性。可见，采购影响着企业对外部环境的反应能力。

5. 影响企业的盈利水平

在企业的各项成本支出中，采购所占的比重往往最大。据统计，企业若降低1%的采购成本，在经各级放射效应后，会为企业增加10%~20%的利润，从而直接决定企业的盈利水平。正是为此，很多企业管理者才发现，采购能够创造企业利润！

6. 影响企业与供应商的关系

企业的采购工作会影响到供应商的生产经营，进而影响企业与供应商之间的关系。举例来说，企业的采购需求会推动供应商的持续改善，包括在技术、质量、价格、交付、服务和创新等方面的优势，以更好地满足企业的需求，从而实现"需求"与"供应"之间的协调发展，逐步使得供需双方建立起共赢的供应链关系。

总之，由于采购成本在企业总成本中所占的比率很高，使得采购在多个角度对企业产生着深刻的影响，因此，采购的专业性，以及专业地做好采购，也日益引起很多企业的重视。

采购是个技术活儿

在人们的传统思维中,采购就是"拿钱买东西",采购的目的就是"用最少的钱买到最好的东西"。然而,事实并非如此。随着经济的发展、市场的繁荣,以及企业之间竞争的加剧,采购已经从单纯的商品买卖发展为一种职能、一门专业,一种可以为企业节省成本、增加利润、改善经营的专业职能。

采购曾经在美国被称为一个人在一个企业的"最后一站",也就是说,假如一个人在某个岗位上工作能力不胜任,就会被调整到其他重要性较弱的岗位上,以此类推。假如一个人实在干不了别的工作,就会被调到采购的岗位上,要是再干不好,就只能被企业扫地出门了。由此可见人们长期以来对采购职业专业性的误解。

如今,采购早已不是一份轻松的工作,而是需要较高的专业技能的工作,采购已经成为一个名副其实的"技术活儿"。比如,采购需要关注的不仅包括价格问题,更多的是品质水平、售后服务、总成本等。举例来说,有些产品看起来买得很便宜,但是需要经常维修、不能正常使用,这反而会大大增加产品使用中的总成本;假如采购人员一不小心买了假冒伪劣商品,就会给企业带来更大的损失。

因此,采购是个技术活儿,只有具有专业采购功底的采购人员,才能对商品具有敏锐的洞察力。此外,有些企业为了维持采购队伍的"纯洁性",

频繁更换采购人员的做法也并非明智之举，因为任何采购人员职业能力的提高，都离不开一定工作时间的积累，因此，采购人员的调换，也最好在采购部门内部进行，以确保采购业务的持续性和采购人员能力的提高。

通常情况下，采购人员应该具备以下五种基本能力：

1. 成本意识和价值分析能力

衡量一个企业是否优秀的最主要指标，是利润的增长速度是否大于销售收入的增长速度，企业要做到这一点，就必须优化商品结构和不断降低成本。一般来说，在利润增长放缓的趋势下，降低成本越来越受到关注，为此，采购工作更应该以总成本最低为导向。

所以，采购人员在看到供应商提供的报价单上的内容时，要具有一定的分析能力，除了直观的价格比较，还要能够对原材料的品质、交货时间、付款条件等因素进行分析，从而透过价格看价值。

2. 信息整合能力

有些企业由于缺少对市场信息的足够了解，致使采购失误，甚至使得各相关职能部门出现相互责难的现象。比如：

（1）有些供应商的产品品质差，信誉度欠佳，可是在采购时为什么还要选择这些供应商？

（2）为什么采购物品的质量比别人的差，价格却比别人的高？

（3）为什么不能在价格低时采购？

（4）为什么不在缺货前就订购，以至于影响了企业正常的生产？

上述对采购工作的种种责难，实际上是由市场信息缺乏、部门间沟通不足等因素所致。为此，采购人员要具备较强的信息整合能力，具体包括：要懂得利用价值分析、成本分析与统计分析等技术，对物料价格信息有个客观的了解；要懂得一定市场调研方法和技巧，对供应商的信息予以足够了解；要懂得相应的生产技术和流程，从而增强对物料品质与性能的了解，强化精准采购；要懂得运输、保险、包装、汇率等知识，从而增强对市场行情的了解等。

3. 自控能力

曾经有一位采购经理，在上任伊始，为了体现"新官上任三把火"，第一把火就是"炒"掉了一位供应商，取消了与该供应商的合作。当这位采购经理正在为自己的"魄力"洋洋得意时，有一天，供应商企业的老板来到了这位采购经理的家门前，询问自己的供应商资格为什么被取消，并告知采购经理，此举直接导致其企业内100多名员工下岗。

我们从这件事情中可以看到，采购人员会在很大程度上影响着别人，尤其是供应商的兴衰，基于此，采购人员在工作中难免会遭遇供应商投来的各种糖衣炮弹以及其他拉拢手段，在这种情况下，采购人员要有一定的自控能力，要能够正确处理好与供应商的关系。

具体来说，采购人员在采购过程中，要坚持客观公正，切忌表现出对任何人的喜好和偏好；要谢绝采购中的各种贿赂，洁身自好；在与供应商进行谈判的时候，要将所有的价格、条款、条件和协议建立在正常的业务判断基础上，绝不能因为一己私利而影响采购工作。

4. 表达能力

在采购中，无论是用口头语言，还是用书面语言与供应商沟通，采购人员都要能够正确、清晰地表达采购物品的各种条件，如产品规格、数量、价格、交货期限、付款方式等，避免产生任何歧义。为此，采购人员要具备很强的表达能力。

5. 沟通协调能力

在企业中，采购业务牵涉面较广，为了使得采购业务顺利开展，也为了尽可能减少采购失误，尽可能发挥采购对企业整体发展的促进作用，采购人员除了强化个人技术能力以外,还需要企业内部各部门的密切配合。

总之,采购是个技术活儿,要想做好采购工作,离不开我们对多项素质和能力的强化与提高。

常见的采购方式

一般情况下,企业在制订生产经营计划或者相关采购政策时,都会对采购方式做出明确的规定,从而使采购人员有章可循。作为采购人员,要对一些常见的采购方式了然于胸,从而便于在实际工作中的灵活运用。我们接下来了解八种常见的采购方式。

1. 集中采购

所谓集中采购,是指企业的采购部门进行统一采购。通常情况下,集中采购主要适用于大宗或批量物品,企业生产中关键的零部件、原料或其他战略资源,保密程度较高,需要定期采购的物料等物品。

采购人员在进行集中采购时需要注意的问题有:由于集中采购的数量比较大,因此采购人员要对所需数量有清醒的把握,避免物料过多地囤积,从而占压企业的资金;集中采购的过程会比较长,手续相对繁多,从而可能会延迟物料的到位时间,为此,采购人员要密切关注物料使用部门的具体需求,避免出现物料到位不配套等的情况。

2. 分散采购

所谓分散采购,是指由企业下属各单位,如各部门、分公司或子公司实施的满足自身生产所需而进行的采购。一般来说,分散采购适用于小批量,总支出费用较少,在费用、时间、效率、质量等方面优于集中采购的物料,以及下属各单位具有相应采购和检验能力的物品。

相比较集中采购而言,分散采购灵活机动,有利于企业下属各单位的按需供应,可以有效杜绝物料囤积的现象;同时,分散采购所需的时间较短,当生产计划与营销计划发生改变时,可以随时进行调整。在实际工作中,集中采购和分散采购通常会互相搭配,从而更好地发挥出采购的积极作用。

3. 直接采购

所谓直接采购,是指采购方直接向物料源头的生产厂家进行采购的方式。直接采购涉及的环节较少,手续简便,信息反馈快,有利于供需双方之间的直接交流以及售后服务的跟进。一般而言,直接采购适用于需方的采购量足够大,希望从供方处获得更为低廉的采购价格,需方配置了比较齐全的采购、储运、渠道与设施等,从而能够比较顺畅地与物料供方进行对接等。

4. 间接采购

所谓间接采购,是指通过中间商进行采购的方式,主要包括委托流通型企业进行采购。一般来说,间接采购可以有效利用中间商的渠道、储运等优势,同时避免了需方在这些环节上的支出,从而可以在一定程度上减少费用、时间以及物料的非正常损失等。

在实际工作中,企业可以根据需要采取直接采购或间接采购,或者两者兼而有之,从而实现采购效益最大化。

5. 招标采购

所谓招标采购,是指采购方作为招标方,事先提出采购的条件和要求,邀请众多企业参加投标,然后由采购方按照规定的程序和标准一次性地从中择优选择交易对象,并与中标的投标方签订协议的过程。一般来说,整个招标采购的过程要求公开、公正和择优。在现实生活中,招标采购不仅是政府采购中的一个重要方式，而且是招标额较大的企业采购中的重要方式。

根据招标范围的不同，招标采购又可以分为竞争性招标采购和限制性招标采购。其中，竞争性采购主要是向整个社会公开招标，限制性招标采购是在选定的若干个供应商中招标。一个完整的招标采购主要由下述作业程序组成（如图1-1）：

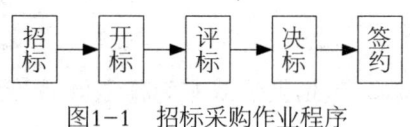

图1-1　招标采购作业程序

一般来说，招标方在与投标方签约后，会对供应商产生约束力，从而在很大程度上有助于确保材料按时到位，还有助于物料出现品质问题时的解决。另外，招标采购所用的时间较长，对于一些急需采购的物料有时不宜采用此方式。

6. 网上采购

所谓网上采购，是指以网络技术为基础，以电子商务软件为依据进行的采购。相对来说，网上采购方便及时，信息量丰富，有助于采购方快速获得大量的供应信息，并在一定程度上降低采购成本。举例来说，阿里巴巴旗下的"1688批发网"就提供了大量产品供应信息，采购方只要登录"1688批发网"，就可以浏览到大量的产品供应信息，采购方只要在网上下订单、付款，供应方就可以给采购方发货。此外，在网上采购中，采购方需要关注供应商的信誉和产品质量。

7. 现货采购

所谓现货采购，即日常所说的"一手交钱一手交货"，供应商将物料交给采购方，采购方则依照协议将资金支付给供应商。在现货采购中，由于供需双方银货两清，对于采购方来说，有利于享受到供应商提供的优惠价格。

不过，现货采购也会存在一定的问题，比如质量保障问题、价格波动问题等，对此，采购方要认真验货，一旦发现产品种类、规格、数量、包装等不符合规定，就要及时与供应商交涉；再者，在进行现货采购之前，采购方要进行足够的市场调查，对产品价格有个比较全面的认识，从而防止供应商擅自抬高物价等。

8. 远期合同采购

所谓远期合同采购，是指供需双方为稳定供需关系，通过签订供货合同，实现物料供应和资金结算，并通过法律约束和供需双方的信誉、能力来保证合同的顺利履行。相对来说，远期合同采购的时效较长，物料价格也比较稳定，交易过程透明有序，交易成本也相对较低和有保障；同时，采购方还要掌握供应商的履约能力，合约条款要准确无误、没有歧义。在实际应用中，远期合同采购主要适用于大宗或批量采购，而且是采购方长期需要的主要材料和关键零部件等，以及供需双方共同认可的质量标准、验收方法等因素。

总之，采购人员对于工作中接触到的采购方式要积极学习与掌握，从而提升自己的采购工作能力。

采购业务流程

一般来说,我们选择不同的采购方式,在相应的采购业务流程上也会有所不同,但总的来说,作为一个完整的采购业务过程,其所遵循的业务流程又具有共性。俗话说"万变不离其宗",我们通过图1-2来认识采购业务执行中的一个共同模式:

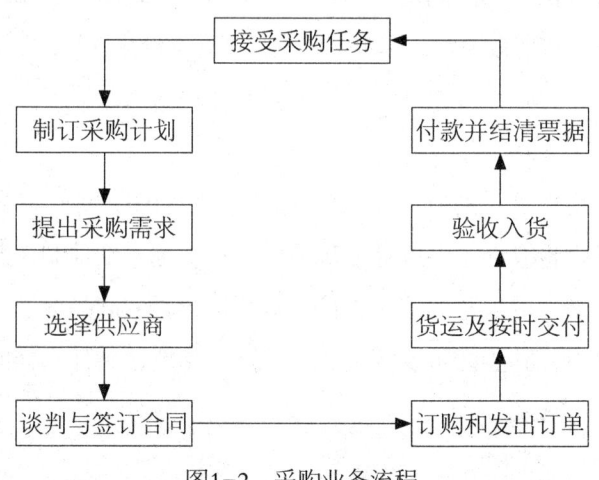

图1-2 采购业务流程

上图从"接受采购任务"开始,到"付款并结清票据"止,将采购业务分为九个步骤;另外,采购业务在企业内是一项持续开展的业务,每一次的采购业务结束,又将在若干时间后进入再一轮的采购之中。我们接下来了解采购业务中的各个步骤：

1. 接受采购任务

可以说，接受采购任务是一项采购业务开始的任务来源。通常情况下，企业内的各个部门会把采购任务报到采购部，采购部把所要采购的物资予以汇总，再将采购任务分配给各位采购职员并下达相应的采购任务单。有时，采购部还会主动根据企业的生产经营与销售情况，主动提出各种物资的采购计划，并交由企业各部门以及企业领导核实后，形成采购任务。本步骤主要解决了"为什么采购"的问题。

2. 制订采购计划

采购人员在接到采购任务后，要制订出具体的工作计划。具体来说，采购人员要对所采购的物资进行市场调查，包括对产品价格、规格、供应商等因素进行调查分析，从而确定采购方式、采购时间，以及货物运输方法、货款支付方法等。本步骤主要从宏观上解决了"怎么做采购"的问题。

3. 提出采购需求

这里的采购需求，主要包括三个方面：一是对采购的产品做出清晰而准确的规定，同时也有助于供应商准确地理解；二是详细地制定产品的检验程序和规范；三是形成完整的采购文件，如采购合同、产品标准、技术协议等资料。总的来说，本步骤主要解决了"采购物品要达到什么样的标准"以及相关采购文件的问题。

4. 选择供应商

每个企业都会处于一定的供应链之中。对于企业本身供应链中处于合作关系的供应商，采购人员可以将采购信息直接发给对方；对于非供应链中的供应商，采购人员可以通过信息搜集，选择质量好、价格低、交货及时、服务周到的供应商予以合作。本步骤主要解决了"从哪个供应商处进行采购"的问题。

5. 谈判与签订合同

在选择了意向供应商后，采购人员还要与供应商进行反复谈判，讨论价格、质量、货期、售后服务等合作条件，最后以合同的形式将这些条件规定下来，从而形成采购合同。供需双方签订采购合同意味着供需双方正式进入采购合作程序。

6. 订购和发出订单

一般来说，供需双方签了采购合同后，采购人员就可以向供应商发出订单；有时，采购合同本身就规定了采购订单的内容，使得采购合同就是订单。采购人员在向供应商发出购货订单时，一定要详细、具体地说明有关信息，诸如购货订单上的订单编号、产品名称、规格、单价、需求数量、交货时间、交货地址等信息都要准确无误。

7. 货运及按时交付

采购人员在向合作的供应商发出采购订单后，接下来要面临货物运输及按时交付的问题。在实际工作中，货物可以由供应商运输，也可以由第三方运输公司运输，还可以由采购方自己提货。不管采取什么样的货运方式，采购人员都要密切关注货运过程，确保按时交货，以免影响正常的生产经营。

8. 验收入货

货物运到后，采购人员要配合仓储部门按照供需双方所签合同的规定，对货物数量、质量等做好验收工作，一旦发现货物存在未达到合同规定或者违反合同规定的问题，采购人员就要及时向供应商反映。必要时采购人员还可以向本企业的领导反映，一定要确保货物符合合同规定。

9. 付款并结清票据

在采购过程中，付款往往是供应商最为关心的问题。如果采购方收到货物后，在付款环节找各种非正当理由拒付或者拖延付款，必然会引起供应商的不满，从而导致供应商停止供货，甚至诉诸法律来解决。从表面上来看，虽然付款问题是采购方财务部门的工作，但在现实中，供应商会认准自己被采购人员"坑"了，并且投诉采购人员，这不利于采购人员以后工作的正常开展。

因此，采购人员也要关注付款环节的如约开展，也可以通过有序的付款行为给供应商留下好的印象，使得企业的采购行为对供应商形成吸引力。另外，采购方在对供应商进行付款时，要结清相应的票据，使得付款行为有据可查。

采购与各部门的关系

在一个企业中,采购业务牵涉范围较广泛。比如,企业的生产部门需要采购部提供优质、足量的原材料,否则就会影响正常的生产经营;销售部门在制订竞争策略时,往往会考虑到产品原材料中的"亮点";仓储部门要知道采购的货物何时进仓库等。可以说,采购业务与企业内各部门有着密切的关系。

实际上,企业规模大小不同,所设置的部门多寡方面也会有区别。一般来说,规模大的企业,部门划分数量会比较多,职能分工也会更细化;规模较小的企业,部门划分数量会偏少,各部门的功能集成度会更高。我们接下来以企业内常见的职能部门为例,来看看采购部与相关职能部门的关系。

1. 采购与企业管理层的关系

我们知道,采购部门对企业内生产环节的成本节省以及足质、足量的供应会对企业的生产产生直接而重要的影响。所以,管理层要重视采购部门与平行部门的横向联系,重视采购人员职业素质的持续提升。具体来说,在必要情况下,采购部要将与供应商接触中获得的市场资讯及时地提供给管理层,使这些信息成为企业经营上的参考;管理层也可以将对市场行情的预测等信息资源提供给采购部,从而在一定程度上帮助采购部做好采购。

2. 采购与生产部门的关系

为了确保原材料供应的稳定性,采购部要与生产部门经常交换信息,以便有足够的时间寻找资源,以及与供应商进行谈判;同时,采购部还要将原料采购的周期和订购后可能发生的变化及时地告知生产部门,以便于双方适当地调整与配合。

3. 采购与销售部门的关系

销售部门不仅要根据产品产量进行销售预测及制定销售目标,还要考虑到采购周期,以避免无法如期交货的问题;另外,采购部应把从供应商处获悉的有关竞争对手的用料信息及时提供给本公司的销售部门,以协助销售部门做好竞争策略;再者,为了商业互惠,企业通常会要求供应商购买本企业的产品,在具体落实中,销售部门需要与采购部门做好配合。

4. 采购与产品设计部门的关系

一般来说,原材料越是基于标准化和通用化设计,相应的采购成本就会越低;如果产品设计部门在设计原材料规格时,为了追求创意与个性,而忽略了标准化和通用化设计,就会在一定程度上提高材料的采购成本。为此,产品设计部门不可过分追求"创意",而忽视了价格和市场因素;同样,采购部门也不可过于强调标准化和通用化设计,而忽略品质创新与技术创新的要求。所以,产品设计部门要多征询采购部门的意见和建议;采购部门也要根据市场行情,为产品设计部门提供适当的规格标准做参考。

5. 采购与品管部门的关系

通常来说,采购人员必须熟悉有关品质的标准,只有这样才能从供应商手上买到合适有用的东西;同时,采购部门同供应商的频繁接触有助于品管部门制定一套切实高效的品质检验标准;再者,品管部门还会在物料验收方面给予采购部门必要的支持，使得采购部门与品管部门密切合作，采购到优质的物料。

6. 采购与仓储部门的关系

一般情况下，批量采购可以降低采购的单位成本，但是库存量的增加，又反过来提高了仓储成本，甚至使得企业面临"去库存"的压力。为此，采购部门要与仓储部门密切沟通与协调，共同设计最低的存量与最佳的订购点，从而降低总成本。

7. 采购与财会部门的关系

由于采购成本在产品成本中占有较大的比重，因此采购预算成为企业资金预算中一个重要的组成部分。采购人员在选择物料的品质时，要考虑到成本因素以及企业的财务负担能力；采购人员在议定付款方案时要考虑到企业财务部门支持的付款策略（如现金结算、刷卡支付、网上转账等）；每一项采购交易，从订购开始到交货、付款，都需要做相应的会计处理等。可见，采购部与财会部门存在着频繁的联系。

8. 采购与公关部门的关系

一般情况下，采购人员会经常与外界人士接触，从某种程度上来说，采购人员向外界展示了企业的形象，起到了一定的"公关"作用。因此，对于设有公关部门的企业来说，采购部可以与公关部门密切合作，通过采购作业的开展，向外界展示良好的企业形象。比如，采购人员可以携带企业的宣传性视听资料、文案等，在适当的时机宣传企业品牌，为树立企业的良好形象而努力。

9. 采购与法务部门的关系

在采购业务中，经常会伴随关于"权利和义务"方面的法务问题。比如，由于供需双方签订的采购合同属于经济合同的范畴，因而合同双方要受"经济合同法"的保护并承担相应的责任。在实际工作中，在处理采购合同、纠纷、索赔等方面的问题时，采购部要与企业内的法务部门协商，尚未建立法务部门的企业必要时可以从外界聘请法律顾问来协助。

总的来说，采购人员在工作中会与企业内各部门不同程度地产生联系。为此，采购人员需要培养良好的人际关系与协调能力，从而有效地获得各部门的合作，圆满地完成采购任务。

采购需要掌握的财务常识

采购部门在很大程度上直接负责企业的成本支出，对企业的财务状况也有着直接而重要的影响。因此，身为采购人员，掌握必备的财务常识是做好采购工作的必需。试想，采购人员若不知道物品单价的构成，如何有效地进行成本分析，从而与供应商讨价还价？采购人员若不懂有关税务方面的常识，如何规避与供应商合作的税务风险？诸如此类的问题还有很多。我们接下来从五个方面介绍相关财务常识，以帮助采购人员对财务常识有个大致了解。

1. 成本分析与单价构成

一般来说，供应商在向外报价时，往往是基于成本和盈利来报价的。那么，如何判断一个供应商的报价是否合理，是偏高了，还是偏低了，或者正好？这就需要采购人员懂得成本分析以及价格的构成。

通常情况下，采购方对供应商进行成本分析，大多是基于这些情形：采购方对材料底价不熟悉，不确定供应商的报价是否合理；采购金额巨大，做好成本分析有助于将来的议价工作。采购人员在做成本分析时，一般要考虑到直接与间接的人口成本、原料成本、制造费用或外包费用、管理、营销费用以及税金、利润等因素。成本分析有助于采购人员判断供应商报价的合理性。

2. 税务问题

"税"是指国家向企业或集体、个人征收的货币或实物，通常以货币形式为常见。在我国，按照不同的分类标准，税种的类别也会不同。比如，以课税对象为标准分类，对于流转环节征收的税称为流转税（包括增值税、消费税、营业税、关税等），以各种所得额为课税对象的税称为所得税（包括企业所得税、个人所得税等），以纳税人所拥有或支配的财产为课税对象的税称为财产税（包括遗产税、房产税、契税、车辆购置税、车船税等），以纳税人的某些特定行为为课税对象的税称为行为税（包括交易税、印花税等），对在我国境内从事资源开发的单位和个人征收的税称为资源税（包括资源税、土地增值税、耕地占用税、城镇土地使用税等）。

若以税收的计算依据为标准分类，则以课税对象的数量（如重量、面积、件数）为依据，按固定税额计征的税称为从量税（包括资源税、车船税和消费税等）；以课税对象的价格为依据，按一定比例计征的税称为从价税（包括增值税、营业税、房产税等）；税款在应税商品价格内、作为商品价格组成部分的税称为价内税（包括消费税、营业税和关税等）；税款不在商品价格之内、不作为商品价格组成部分的税称为价外税（包括增值税等）。

若以是否有单独的课税对象、是否独立征收为标准分类，则那些与其他税种没有连带关系，且有特定的课税对象，并按照规定税率独立征收的税称为正税（包括增值税、营业税等）；随某种税收按一定比例加征的税称为附加税（包括城市维护建设税等）。

实际上，除了上述税种的分类标准，我国还有其他分类标准。比如，按税收征收权限和收入支配权限分类，有中央税、地方税和共享税；按照税率的形式分类，有比例税、累进税和定额税等。

关于不同税种的计算与筹划问题，请读者朋友参考相关税务书籍进行详细了解。

3. 利润问题

对于毛利和毛利率、营业利润、利润总额、净利和净利率的概念及其计算公式，采购人员应该了解清楚。

毛利又称毛利润，是商品的不含税售价减去不含税进价的差额。该差额在不含税售价中占的比率则为毛利率，这主要反映了企业生产阶段的增值程度。毛利率的基本计算公式为：

$$毛利率 =（不含税售价 - 不含税进价）\div 不含税售价 \times 100\%$$

其中，不含税售价可以视为销售收入（即主营业务收入），不含税进价可以视为销售成本（即主营业务成本）。在毛利润中，不用扣除销售和管理费用，这是毛利润与营业利润的主要区别所在。

举例来说，某商品成本的进价为12元（不含税），经过企业的生产加工或包装后，售价为15元（不含税），则该商品的毛利为3元（15-12=3），毛利率为20%（3÷15×100%=20%）。

一般而言，毛利率是净利率的基础，没有足够大的毛利率会使企业难以形成盈利。

营业利润是营业总收入减去营业总成本。其中，营业总收入包括主营业务收入和其他业务收入，营业总成本包括主营业务成本、营业税金及附加、管理费用、财务费用和销售费用。营业利润的基本计算公式为：

$$营业利润 = 营业总收入 - 营业总成本$$

利润总额是营业利润加上营业外收入，再减去营业外支出。利润总额的基本计算公式为：

$$利润总额 = 营业利润 + 营业外收入 - 营业外支出$$

举例来说，甲企业的主业为生产服装，2015年度，其在服装业务方面的营业利润为800万元；同时，该企业还动用闲余资金进行多个领域的理财投资，在有些投资领域累计获利300万元，在有些投资领域累计损失100万元。那么，甲企业在2015年度的利润总额为1 000万元（800+300-100=1 000）。

净利也称为净利润,是利润总额减去所得税费用的结果,净利润在利润总额中所占的比率称为净利率。净利率的基本计算公式为:

$$净利率=(利润总额-所得税费用)\div 主营业务收入\times 100\%$$

当然,在上述公式中,企业的营业利润一定要远远大于营业外利润才能更加客观、有效地反映企业的经营状况。一般情况下,净利率在很大程度上反映了企业的竞争力,净利率越高,表明企业的获利能力越强,竞争力也越强。

4. 货款结算方式

在现实中,常用的货款结算工具是一系列票据,主要有汇票、本票和支票,其中又以使用汇票为常见。另外,常见的付款方式有预付款、货到付款、月结(即30天结算一次货款,还有采用两个月、三个月等时间作为结算频次的)等。

5. 票据整理

采购中常用到的票据有收据、普通国税发票、增值税专用发票等。不同的票据在开具特点上会有所不同,对此,采购人员请参考相关税务票据方面的书籍详细了解。此外,采购人员在考察供应商,以及与供应商的交往中,难免产生一些需要报销的费用,对此,采购人员要分门别类保管好相应单据(如出租车发票、餐费凭据等),避免遗失。

总之,除了上述财务常识,采购人员在工作中还要积极发现与充实相应知识,让自己的采购工作变得更专业。

采购需要掌握的质量常识

在采购中,质量通常指产品或工作的优劣程度。对于采购人员而言,符合采购合同中约定的要求或规格就是好的质量。要做到这一点,采购人员还要设法了解供应商对其所提供物料商品质量的认识或了解的程度。一般情况下,内部管理比较完善的供应商都会具备一些质量文件,如质量合格证、商检合格证等。同时,采购人员也应要求供应商提供或出示相应的质量文件,从而在一定程度上保障采购商品的质量。

在供需合作中,供需双方在质量标准上达成共识,可谓是双方合作的一个基础。对质量的统一认识,即使在采购中出现产品是否达标的争议,也便于双方依据质量共识来协商解决争议。

一般来说,我们经常用规格来描述质量。在采购中,采购方会将所需规格的产品做成文件,以告知供应方,从而确保采购的商品达到预期规格。在实际工作中,不同商品会具有不同的规格。举例来说,物品的体积、长度、形状、韧性、材料的纯度、密度等规格的概念,均可以在一定程度上描述产品的质量。

那么,如何尽可能确保产品的质量呢?这离不开质量检验。根据不同的划分依据,质量检验的方法也会有所不同。其中,按照待检验产品数量的多少,可以分为全数检验和抽样检验。全数检验是对待检验产品进行100%的检验,该检验方法主要适用于对后续工序影响较大、精度要求较高的材料;抽样检验是按照统计学原理设计抽样方案，然后从待检验产品中随机选取一些检验样本，并对这些样本进行逐一检验，从而获得质量特性方面的样本统计值，再与相应的质量标准进行比较，接着对总体产品做出接受或拒收的判断。

按照待检验产品在检验后的状态特征来划分，可将检验分为破坏性检验和非破坏性检验。破坏性检验，是指受检物的完整性遭到破坏，不再具有原来的使用功能的检验。举例来说，汽车的安全气囊检验，为了确保安全气囊在紧急情况下对车上驾乘人员起到保护作用，生产厂家一般需要随机抽取一定待检验样本，然后对车辆进行剧烈碰撞检验，并测试安全气囊的安全系数。一般来说，这种检验后的安全气囊，通常会报废，就属于典型的破坏性检验。非破坏性检验，是指在不破坏待检验产品的前提下，有效地测试受检物的某些质量特征的检验。举例来说，我们要知道一个灯泡能否正常使用，可以将灯泡安装到灯口上，然后插上电，如果灯泡正常亮起，就说明灯泡可以正常使用，如果灯泡不亮，则说明灯泡不能正常使用。这种方法并未破坏灯泡，还可以测试出灯泡能否正常使用这一关键的质量特征，就属于典型的非破坏性检验。

在实际工作中，除了上述质量检验方法，还有很多其他检验方法。比如，按照质量检验的位置，可分为固定检验和流动检验。固定检验是有固定的检验站，待检验产品统一送到这些检验站进行检验；流动检验则是检验人员直接去产品所在地进行检验。在工作中，采购人员可以根据实际需要，选择相应的检验方法。

除了切实有效的质量检验，采购人员还要做到对质量问题"有据可依"，这就需要采购人员与供应商签订相应的"质量保证协议"，在明确货物质量的情况下，还可以使得后续工作有据可查，一旦出现质量纠纷，采购人员就能够做到"有理有据"。在实际工作中，"质量保证协议"的条款要么明确地写在采购合同中，要么作为采购合同的附件由供需双方签订。可以说，"质量保证协议"是采购文件体系的重要部分。

此外，采购人员在工作中还会接触到"产品瑕疵"与"产品缺陷"等概念。其中，产品瑕疵是指产品不具有其应当具备的使用性能，它是区别于产品缺陷的法律概念，存在瑕疵的产品违反了法律规定和合同规定，采购方有权拒收，若瑕疵产品对采购方造成了损失，采购方甚至可以要求供应方承担相应的赔偿责任。举例来说，高楼大厦内通常会有应急照明灯（带有类似"安全出口"的字样），若楼内一旦断电，应急照明灯就会自动亮起，从而对楼内人员起到有效的疏散作用。假如楼宇建筑装修承包商采购的应急照明灯在断电情况下却没有亮，就意味着该产品瑕疵使得应急照明灯应有的功能不能正常使用，供应商一般要为此承担相应责任。

产品缺陷主要是存在于产品的设计、原材料和零部件、制造装配或说明指示等方面，并且未能满足用户所必需的合理安全要求的情形。一般来说，产品缺陷并不影响产品功能的正常使用，却可能直接或间接地存在危及用户人身、财产安全等因素。举例来说，有些门窗可能设计成向屋内拉开比较合适，结果却设计成向屋外推开，假如用户在向室外推开窗户的时候，手里拿着的手机等物品，一不小心摔落楼下，就会给用户造成不必要的损失。也就是说，这样的门窗固然不影响其正常关闭与打开的功能，却存在着一定的设计缺陷。

最后，采购人员在工作中会遇到各种各样的质量方面的问题与概念，对此，采购人员要勤总结，多积累知识，从而提高自己在采购质量方面的能力。

像销售一样做采购

据统计，在美国，销售出身的百万富翁几乎比比皆是，然而却鲜少听说做采购的人成为百万富翁的。我们知道，采购成本在很多企业的经营成本里占到60%以上，可以说，"采购一小步，是企业经营的一大步"。既然采购能为企业带来这么大的贡献，那么对于提倡"收入与付出成比例"的企业来说，为什么采购人员像销售人员一样"发大财"的却那么少呢？一个重要的原因是采购人员的心态与工作态度。

作为销售人员，无不懂得"以客户为中心"的道理，并且在工作中逐渐练就了主动发现问题、解决问题的思维惯性，可以说，"积极主动"是优秀销售人员的共性。正是因为销售人员具备这些优势，才使得销售人员成功的概率普遍比其他岗位更大。

因此，我们提出"像销售一样做采购"，实则是学习销售人员在解决问题时的积极心态与思路。在实际工作中，"降低成本"往往是采购部门的"主业"，对此，不少采购人员只是简单而直接地采取了"降价"，并动不动就给供应商来个"霸王硬上弓"，诸如"这次给我降价多少百分比，我只要降的结果"。俗话说"买的没有卖的精"，供应商总不能一再地做赔本买卖，于是他们往往会在材料质量上做文章，适当降低质量规格，这种粗放式的"降本"，表面来看是通过"降价"降低了"成本"，却给企业带来潜在的隐患。有些采购人员抱怨自己的薪资上不去，如果采购人员只是这样机械而肤浅地从事采购工作，又怎能从根本上做好采购？怎能在采购岗位上为企业创造应有的价值？相应地，贡献不足，工作不到位，又怎能获得高薪？这是采购人员普遍需要注意的问题。

还有些采购人员对自己的定位只是简单地处理文档、跟踪订单，在某种程度上，把采购不折不扣地变成了一项"简单工种"，甚至有些类似于在企业里"打杂"。如果采购人员只是抱着这种"打杂"的心理，又怎能把采购做得有声有色？因此，有些采购人员之所以做不好采购，往往不是由于能力差，而是心态方面出了问题。在这方面，采购人员的确需要向销售人员学习，因为积极的心态是销售的职业特点。为什么优秀的销售人员能够一再地打动顾客？一个重要的原因是这些销售人员心态积极，遇到困难不打"退堂鼓"，而是积极想办法解决问题。

同样，在面临"降低成本"的问题时，采购人员是否能够积极开动脑筋，多想些实际有效的解决办法，改变"一根筋"似的"降价"思维？毕竟供应商在生产经营上也是有成本的，一旦在某个阶段价格降到了最低，采购人员是否可以通过帮助供应商优化工艺设计、改进生产流程等途径来有效地降低材料价格？其实，这些都是采购人员需要用心考虑的问题。

对于从事采购职业的朋友来说，采购能力可以让我们"混口饭吃"，但要实现职业提升，还是要靠"销售"能力，要让自己眼里有"客户"、心里有"客户"，像销售那样"以客户为中心"。那么，采购人员的"客户"是谁呢？一方面是企业内的管理层和需要打交道的各部门，采购人员要确保企业买到其所需的、"物美价廉"的物料和服务，并将优质供应商推荐给企业的供应链阵营，让企业管理层和各部门感觉到采购部"买得对""选得好"；另一方面，采购人员要让供应商给予企业应有的重视，确保供应商足质、足量地为企业提供物料和服务，让企业的供应链变得健壮。

总之，事在人为，无论处于什么样的岗位，只要我们积极进取，努力把工作做到位，就一定能够出类拔萃，进而做出成就来。采购人员同样不例外。在实际工作中，销售内在的业务扩展性，使得销售职业的客户服务意识普遍较强，相对来说，人们对采购职能的认识就要滞后一些。为此，一个希望奋发有为的采购人员，一定要会培养自己积极主动的客户服务观，把采购工作做出新意、做出活力来。

采购警钟一：三鹿奶粉事件

在我国的食品安全事件中，三鹿奶粉事件曾一度处在舆论的风口浪尖，令世人关注。三鹿奶粉事件的直接责任企业是石家庄三鹿集团股份有限公司，简称"三鹿"，该企业成立于1956年，可谓"老字号企业"。三鹿公司早期发展良好，并在市场上积累了较高的知名度，占有了较大的市场份额。然而，三鹿公司在后期由于管理不善，尤其是在采购环节出现问题，使得所采购的原料中掺加了三聚氰胺（俗称"蛋白精"，几乎无味，微溶于水，对人身体有害，不可用于食品加工或食品添加物），从而导致三鹿奶粉在全国市场内爆发婴幼儿肾结石，并在2008年愈演愈烈，直接导致三鹿集团由于质量管理出现问题而在2009年2月"寿终正寝"，宣布破产倒闭。

通过三鹿奶粉事件，我们一方面祝愿在事件中受到伤害的无辜婴幼儿早日康复，另一方面，三鹿集团在采购与管理方面的不善，也给很多企业敲响了警钟。实际上，在三鹿奶粉事件前不久，经中国品牌资产评价中心评定，"三鹿"品牌价值高达149.07亿元人民币，可在三鹿奶粉事件后，"三鹿"品牌价值顿时灰飞烟灭，顷刻间从知名品牌沦到"过街老鼠，人人喊打"的地步。造成三鹿悲剧的三聚氰胺是事件的导火索，而事件背后的管理与风险失控才是酿成事件的真正罪魁祸首。

一般来说，乳业要实现产能的扩张，就要实现对奶源的控制。在三鹿集团的发展中，集团管理层一度醉心于规模扩张，为此不得不打价格战，通过降价来增加市场销量。为了支撑"价格战"策略，三鹿集团一再挤压乳业产业链上游奶源环节的利润。奶源企业为了不至于亏本经营，自然会相应调低奶源规格，正所谓"一分钱一分货"。对此，三鹿集团为了维持自己不断扩展的产能，也急需有一个稳定的奶源输送渠道，于是，三鹿集团不同程度地接受了质量低下的原奶。据官方披露，三鹿集团在收奶时对原奶要求比其他企业要低。

可以说，奶粉质量好坏与奶源质量有着极其重要的关系。三鹿集团为了降低成本，选用质量较低的奶源，导致其祸起奶粉，也就不足为奇了。据统计，三鹿集团的销售额从2005年的74.53亿元人民币激增到2007年的103亿元人民币，在这期间，三鹿集团并未将上游环节纳入自己的产业链生态环境中，只是纯粹地希望上游奶源企业降价。在这种情况下，上游企业要想保住利润，就必然会牺牲奶源质量。

一般而言，由于乳制品企业与人们的生活饮食息息相关，因此乳制品企业应加强奶源建设，充分保证原奶质量。然而在实际工作中，三鹿集团却明显对原奶质量重视不足，不仅最后葬送了其前程，还伤害了众多无辜的消费者。

通常情况下，乳制品企业在原奶及原料的采购上主要有四种模式，分别是牧场模式（集中饲养百头以上奶牛统一采奶运送）、奶牛养殖小区模式（由小区业主提供场地，奶农在小区内各自喂养自己的奶牛，由小区统一采奶配送）、挤奶厅模式（由奶农各自散养奶牛，到挤奶厅统一采奶运送）和交叉模式（是前面三种模式的交叉）。

其中，三鹿集团有半数奶源采取"奶牛+农户"的挤奶厅散户模式。由于三鹿集团的反舞弊监管不力，而且不能有效地对数百个奶站在原奶生产、收购、运输环节进行实时监控，因此三鹿集团只能依靠交付验货这最后一关来进行"严格"检查，而且加强对蛋白质等指标的检测，又滋生了层出不穷的作弊手段。其中，三鹿集团内一些负责奶源收购的工作人员往往被奶站花钱搞定，于是形成了行业潜规则，从而使得不合格的奶制品在商业腐败中流向市场并蔓延。

此外，三鹿集团为了扩大市场影响力，还允许一些合作企业利用自己的"三鹿"品牌进行贴牌生产。三鹿集团本身已在奶源质量管理上出现问题，再加上对合作企业监控不严，进一步增加了产品质量风险。

另外，三鹿集团在早期接到"食用三鹿婴幼儿奶粉后，婴儿尿液中出现颗粒现象"的信息后，为了不影响"销售"，并未及时将奶粉问题进行公开，反而试图掩盖事实真相，甚至到了2008年7月，三鹿集团还向各地代理商发送《婴幼儿尿结晶和肾结石问题的解释》，要求各销售终端以"天气过热、饮水过多、脂肪摄取过多、蛋白质过量"等理由"安抚"消费者，使得毒奶粉继续流通。直到2008年8月，三鹿集团的外资股东新西兰某公司在得知情况后，要求三鹿集团在最短时间内召回市场上销售的受污染奶粉，并立即向中国政府有关部门报告，这才引起社会对三鹿奶粉事件的广泛关注。由此可见，三鹿集团在质量危机事件中明显处理不当，从某种程度上侵犯了消费者对质量的知情权以及生命与财产安全权。

最后，我们希望所有企业能从三鹿奶粉事件中吸取教训，因为采购质量问题，既关系消费者的生命与财产安全，又关系到企业的命运兴衰。

采购警钟二：丰田刹车门事件

在世界汽车企业中，日本丰田汽车的销量长期位于前列。正如丰田汽车的一句广告词："车到山前必有路，有路必有丰田车。"在丰田汽车的一路高歌猛进中，丰田汽车在全球范围内的销量持续增长，从2012年到2015年，丰田汽车更是连续四年蝉联全球销量第一的宝座。然而，与丰田汽车在市场中一路"攻城拔寨"形成鲜明对比的是，丰田召回事件也一度成为社会舆论关注的焦点。其中，尤以丰田刹车门事件最为典型。

2009年8月，美国发生丰田雷克萨斯品牌汽车突然加速、刹车失灵导致一家4人死亡的事故。这成为丰田汽车后来大规模召回事件的导火索。迫于美国政府和社会舆论的压力，丰田公司在2009年9月底发表声明称，在美国销售的丰田凯美瑞和雷克萨斯等7款共380万辆汽车，因驾驶座脚垫卡住油门踏板无法复位，可能引发事故，要求用户取下脚垫即可。

就在"脚垫门"事件尚未平息时，在美国市场销售的凯美瑞、卡罗拉等8款车又被曝出油门踏板可能因复位困难造成事故。紧接着，在2010年2月，又有媒体报道称，在日本国内销售的丰田混合动力车普锐斯存在刹车失灵现象，该事件在日美两国市场共收到200多起投诉。

实际上，关于问题轿车的油门踏板问题，美国司法部门早从2009年开始就陆续收到了相关投诉，但丰田公司在知道事情真相的情况下，始终未打算主动解决问题。直至2010年2月被媒体曝光后，丰田公司才对公众承认了"刹车门"事件的实情,并陆续在全球范围召回910余万辆问题汽车,这个数量比丰田公司当时一年生产的汽车数量还要多。

那么,令丰田公司伤透脑筋的"刹车门问题"究竟是怎么回事呢?这通常被认为是与两个问题有关。一个问题是,丰田汽车采用了两种油门踏板,这两种油门踏板从外形上看相似,甚至可以"互换"使用。二者的区别在于,一种油门踏板里多了块铁片,从而有效避免加油门时踩到最大油门;另一种油门踏板里少了块铁片,则会使驾驶者加油门时踩到最大油门。一般来说,驾驶过程中踩油门踩得越深,车辆的惯性会越大,出现事故的概率通常就会相对较高。丰田公司在采购零部件时,为了节省成本,采购的是内部少了一块铁片的油门踏板。刹车门事件后,丰田大量召回的车辆主要是换上那种内部多了一块铁片的油门踏板。由于车辆上的零部件大多受车载电脑控制,这些零部件往往有各自的信号处理器,因此还要连同更换车载电脑里的信号处理器。

另一个问题是,丰田汽车选用的驾驶座脚下的踏脚垫片的固定部件在设计上有问题,使得驾驶者习惯性地把踏脚垫片往前顶,该动作导致垫片的固定零部件逐渐出现松动,使得垫片不断地往前挪移,这往往会挪移到刹车的踏脚板下面。结果,汽车在刹车时,踏脚板在踩下去的一刹那,踏脚板的一部分被前顶的垫片垫住,使得驾驶者不能完全踩下去刹车,从而导致交通事故的发生。据悉,美国发生的大部分丰田车的刹车事故,都是由此引起的。丰田召回大量问题车辆后,便是更换脚踏垫片相应的固定零部件。当然,如果要问丰田汽车在当初的设计环节为什么没有考虑到这个问题,一个重要的原因便是与丰田汽车一度提倡"能节省就节省"的过于"精益"的生产方式有关。

2014年3月,美国司法部宣布,美国政府与丰田汽车公司达成和解协议,丰田汽车公司需支付12亿美元和解金(创下了美国历史上汽车制造商支付给美国政府部门和解金中的最高纪录),以支付美国政府相关部门自2010年2月起对丰田公司展开的长达4年的刑事调查。此外,丰田公司还要面对将近400

起因丰田车主伤亡而提起的个人诉讼。这一切的一切，无非源于采购环节中不慎采用的两个很"小"的零部件。

当然，作为一家实力雄厚，并且拥有一套相对严密而高效的生产体系的国际性企业，虽然丰田公司由于刹车门问题而遭受重创，但是丰田公司在不断盘点与纠正着自己的失误，再加上丰田汽车长久以来形成的巨大品牌影响力，使得丰田汽车连续数年稳居全球销量第一。尽管如此，采购环节的不慎，还是严重影响了丰田汽车的盈利状况，这不能不使很多企业引以为戒。

第二章　制订采购计划和预算

我国儒家经典书籍《礼记·中庸》说:"凡事预则立,不预则废。"也就是说,无论做什么事情,事先有准备,就能获得成功,否则就易失败。在企业经营中,一方面要把眼光"向外看",看自己能够满足市场上的哪些需求,同时还要"向里看",看维系自身发展的各项需求如何才能更好地满足。

我们知道,一个家庭要考虑柴米油盐醋等各项生活必需品的采购问题,一个企业所面临的采购需求则要更复杂一些。新时期的企业竞争越来越体现为供应链方面的竞争,采购行为则在供应链建立与维护中起着重要的作用。企业要想有效地提升采购力,不稀里糊涂地"败家",必然需要在采购之前制订计划和预算,使得采购"有据可依",并根据实际变化情况进行调整,从而使企业在采购面前化被动为主动。

好的采购计划是成功的前提

据统计，采购环节节约1%的成本，相当于销售产品所带来的5%～10%的利润。既然采购如此重要，那么企业在采购前又怎能不为之做一个详尽的计划呢？可以说，有效的采购计划有助于企业资金的有效利用，因为企业营业支出中的大部分都用于物料采购。

实际上，好的采购计划不仅能够减少企业资金的流出，还可以有效地控制库存，以及避免生产车间因物料不足而停产，避免企业在市场旺销时断货，从而有效地规避风险，减少损失。

一般来说，采购计划是根据生产部门或其他使用部门的计划而制订的，包括采购物料、采购数量、需求日期等内容。在实际工作中，根据不同的角度，我们对采购计划有不同的分类。比如，按照采购计划期限的长短，我们可以把采购分为年度物料采购计划、季度物料采购计划、月度物料采购计划等。顾名思义，年度物料采购计划是对未来一年的物料采购工作的规划，季度物料采购计划、月度物料采购计划等则与其相应的时间相对应。

按照物料的使用方向进行分类，我们可以把采购计划分为生产产品用物料采购计划、维修用物料采购计划、基本建设用物料采购计划、技术改造措施用物料采购计划、科研用物料采购计划、企业管理用物料采购计划等。

按照物料的自然属性进行分类，我们可以把采购计划分为金属物料采购计划、机电产品物料采购计划、非金属物料采购计划等。

通常情况下，采购计划属于企业生产和销售计划中的一部分，也是企业年度计划与目标的一部分。在以市场为导向的经营方针中，销售部门的计划（即销售收入预算）是企业年度营业计划的起点，然后生产与销售计划才能随之确定。其中，生产与销售计划包括采购预算（直接原料采购成本）、直接人工预算，以及制造与销售费用预算等。

可见，采购计划是采购部门为配合一定时间段（通常为年度）的销售预测或产货数量，对所需求的原料、物料、零件等的数量及成本做出的详细计划，以利于企业整体经营目标的实现。在实际工作中，采购计划的制订往往需要生产、销售等部门的配合来完成。

实际上，企业制订采购计划，总是以实现经营目标为目的。总的说来，企业经营大多始于购入物料后，经加工制成或经组合配制成为主推商品，再通过销售获取利润。在这个过程中，如何物美价廉地获取足够数量的物料，便是采购计划的重点所在。

因此，对于企业来说，采购计划是为了维持正常的产销活动，在某一特定的期间内，确定购入何种物料，以及订购多少数量的一种预先安排。一个好的采购计划，应该能够达到下述目的：

（1）配合企业的生产与销售计划，以及企业资金的可用程度。

（2）预估物料采购需用的数量与时间，防止供应中断，影响产销活动。

（3）确立企业对物料的合理耗用标准，以便于控制采购物料的成本。

（4）避免采购的物料储存过多，从而积压资金，占用不必要的库存空间。

（5）采购计划要使采购部门在事前做好准备，从而选择有利的时机购入物料。

最后，正如我国一句谚语所说："不打无准备之仗，方能立于不败之地。"从某种程度上来说，采购计划是对采购作业的一种前期准备，因此，我们要想做好采购工作，离不开用心做好采购计划。

积极筛选有效的采购需求

我们在进行采购时，首先要清楚企业究竟需要什么、需要多少、什么时候需要等问题，从而明确应当采购什么、采购多少、什么时候采购以及怎样采购的问题，以此得到一份确实可靠、科学合理的采购任务清单。我们通常将这些工作称为采购需求分析。

可以说，需求分析是采购工作的第一步，也是制订采购计划的基础和前提。采购需求分析可以简单，也可以复杂，具体情形要根据我们的现实需求来定。对于比较简单的采购情境，需求分析相应地也是比较简单的，比如，有些单一品种、单次需求的情形，对于需要什么、需要多少、什么时候需要的问题非常明确，这时即便不进行复杂的需求分析也能清楚采购任务。比如，采购人员需要为企业行政部采购某种指定型号的笔记本电脑，以备日常之用，对此，采购人员按照相应量化的需求进行采购即可。

然而，在一些比较复杂的采购情况下，需求分析就会变得非常有必要。比如，一个汽车制造型企业，需要接触的零部件有上万个，企业的各个生产车间在不同时间段对零部件的需求也有所不同。那么，如此多的零部件，企业内各车间何时需要、需要多少，哪些品种要单独采购，哪些品种要联合采购，以及采购多少，如果我们不能对这些问题进行认真的分析研究，就难以有效地进行科学采购。

对于采购人员而言，在采购作业开始前，要与相关请购部门沟通确定采购哪些物品、采购数量、何时采购等问题，从而增强采购工作的精准性。同时，采购部门还可以利用本部门积累的采购经验，积极协助需求部门尽早预测有关物品需求，以避免过多紧急请购单的扎堆，从而规避因紧急订货而增加采购成本。

为此，有关部门在填写请购单时，一定要详细说明需求情况，对于需求细节，如品质、包装、售后服务、运输以及检验方式等问题，均要予以准确描述和说明。一般来说，请购单里应该包括这些内容：请购单填写日期、请购单编号、请购部门的名称、请购物品的金额、请购物品的完整描述以及所需数量、物品需要使用的日期、任何补充说明、请购单相应责任人的签字等。

采购人员在接到请购单后，必要情况下，要与请购部门沟通和确认，确认无误后予以有针对性的采购。一般而言，采购活动在企业内部相当于一种"内部委托"，也就是说，作为"代理人"的采购部执行的是"委托人"即相应需求部门的指令，采购人员再利用其采购方面的专业知识实现更有效率的采购。

在这个过程中，关键的一点是，采购部是否真正理解需求方的采购需求，以及这种采购需求的合理性。为此，采购部门应与企业内部的需求部门进行充分的沟通，必要时可以将实际需求方纳入到采购团队中来。

举例来说，某通信工程承包企业在承建某乡村无线局域网覆盖业务时，需要采购某种规格的无线网桥。该企业采购经理通过多方比较，最后初步确定了三个无线网桥供应商，在与这些无线网桥的供应商进行接触时，采购经理邀请本企业内具体负责无线网桥施工的技术人员去考察供应商，在看过供应商处品种丰富的无线网桥后，施工技术人员调整了原先的采购需求，换成了另一种规格的无线网桥，并从其中一个供应商处采购到了品质优秀、价格合理的无线网桥。在该案例中，采购经理与企业内的实际需求方积极合作，从而帮助企业采购到了业务所需的、理想中的无线网桥。

总的来说，采购需求是采购作业的前提。采购人员能够积极筛选出有效的采购需求，为企业买到最合适的物品，本身就是对企业经营的有力支持。

制订采购计划时要考虑的因素

采购计划一旦制订,就意味着企业要为采购而"花出去"的钱即采购预算初步确定下来了。那么,怎样才能让企业"既少花银子又买到足够多的好东西"呢?正如我们前面所说,这与企业采购计划的优劣密切相关。为了制订出一份优质的采购计划,我们需要关注哪些因素呢?

1. 年度生产计划

采购活动往往是为了直接满足相应的生产活动,因此,我们在制订采购计划时,需要考虑生产计划,尤其是年度生产计划,以更好地为生产经营提供必要的采购支持。在实际经营中,生产计划又常会因销售部门对市场需求量的预测而有所调整,所以,采购部除了考虑年度生产计划外,还要考虑年度销售计划。

2. 年度销售计划

一般来说,企业的年度经营计划多以销售计划为起点。年度销售计划往往会对企业内外环境的变化予以相应的预测,包括企业外界的不可控因素,如国内外经济发展情况(GDP、物价、就业状况等)、人口增长、文化及社会环境、技术发展、竞争者状况等;以及内部的可控制因素,如企业财务状况、技术水准、厂房设备、原料零件供应情况、人力资源及企业影响力等。通常情况下，基于上述内外两种因素，企业会制订相应的销售计划，从而影响生产计划与采购计划。

3. 存量控制

在采购计划中，我们应该将采购数量扣除库存数量，从而保持合理的原料库存。为此，我们在制订采购计划时，要密切关注存量管制方面的资料，确保采购数量的合理性。同时，我们还要确保存量资料的真实性，以防因存量资料有误而导致采购失误。

4. 物料标准成本

我们编制采购计划时，总是需要确定一个采购预算数额。由于我们在采购计划中，不易预测未来待采购物料的具体价格，因此，我们在实际工作中多把物料的标准成本拟定为待采购物料的价格。在这方面，假如物料标准成本缺乏严密精确的核算，那么其正确性和可参考度也将会大打折扣。基于此，物料标准成本与实际购入价格的差额，通常是采购预算正确性的评估指标。

5. 生产效率

在市场中，同一种商品，不同的时间，其价格会有不同程度的波动；在价格波动的背后，除了供求关系变化、市场竞争作用等因素外，最根本的便是生产效率的高低。我们知道，价格围绕价值上下波动，以价值为标杆；生产效率的提高，可以降低产品的单位生产成本，从而降低价格。因此，我们在制订采购计划时，要考虑到生产效率的变化因素，这不仅有利于提升我们对物料成本判断的准确度，还能够帮助我们有效地判断物料的生产能力。

6. 用料清单

随着科技的进步，很多产品在更新换代方面的速度越来越快。在产品工程的活跃变化中，用料清单需要时常更新，这会使计算出来的物料需求数量,与实际的使用量或规格不尽相符,从而造成采购数量方面的偏差。因此,采购计划的准确性有不赖于密切关注最新、最准确的用料清单。

7. 采购环境

我们在前面曾提及制订销售计划需要考虑企业的内外部因素,同样,我们在制订采购计划时,也要考虑采购作业所处的内外部环境。比如,从企业内部来看,我们要了解企业现有的供应商渠道、企业的产品线布局、企业的财务状况、企业遵循的质量标准体系等;从企业外部来看,我们要了解采购方面的法律法规、竞争者的经营状况和采购情况、技术发展态势等。通过了解这些因素,我们制订的采购计划会更具有可操作性。

最后,正如《孙子兵法》所说"谋定而后动",我们在采购作业前要多方谋划,为制订一个优质的采购计划做好准备,从而更好地进行采购。在制订采购计划时,我们可以开展"头脑风暴"式的讨论,多方考虑现有的和潜在的影响因素,不妨对这些因素先做"加法",尽可能多地列举出影响因素,然后根据权重,再做"减法",以使得采购计划全面而切实可行。

用MRP（物料需求计划）制订采购计划

MRP的全称是Material Requirement Planning，译为"物料需求计划"，是利用主生产计划（Master Production Schedule，简称MPS）、物料清单（Bill of Material，简称BOM）、库存报表、已订购未交货订购单等各种相关资料，经正确计算而得出各种物料的需求量，并据此制订采购计划，以管理各种新订购或修正各种已开出订购单的物料管理技术。

通常情况下，MRP的逻辑步骤是：决定采购前置时间（即从确定产品或服务需求到发出完整的采购订单所占用的时间）和制造前置时间（即从供应商收到采购订单到完成采购订单所占用的时间）；拟定主生产计划；编制物料清单，确定单位产品所需的物料数量；设定现有库存数量；根据主生产计划与物料清单的计算，再加上杂项需求，得到物料的毛需求量，并从中考虑损耗数量，进而得出合理的需求量；合理的毛需求量扣除现有库存数量，得到净需求量；净需求量扣除现有采购量，得到计划采购量，若计划采购量大于零，则开具请购单交采购部门进行采购，若计划材料量小于零，则分析并设法消耗该项多余物料，若现有采购数量难以充分配合生产计划的需要，则应调整供应商的送货时间与送货数量。

另外，在MRP中，会有一些指标需要计算，这些指标及其计算公式为：

毛需求量＝计划生产量×单位产品所需的物料数量＋杂项需求

净需求量＝毛需求量＋损耗－库存量－已订未交量

库存量=现有库存−生产线已开单未领量

已订未交量=订购量−已交货数量

总的来说,MRP是一种推式体系,根据预测和客户订单安排生产计划与采购计划。一般来说,生产订单出自主生产计划,经由MRP计划,再结合涵盖各种必要文档资料的物料主项(Item Master)以及生产所需的物料清单,从而得出订单,并使其被"推"向工厂车间及库存。MRP的运行原理如下图所示:

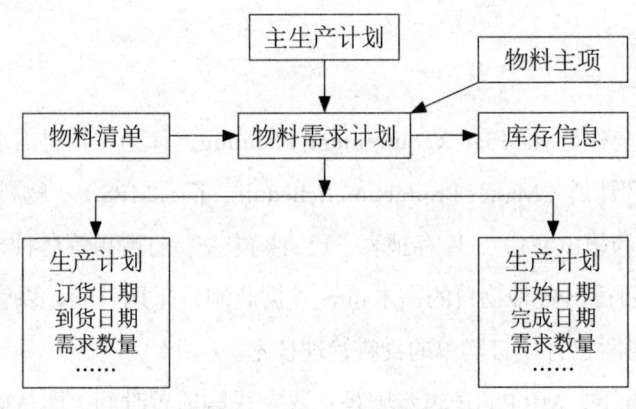

图2-1　MRP运行原理

我们接下来再看MRP的基本结构:

1. 主生产计划

这是确定每一具体的最终产品在某一具体时间段内生产数量的计划。该计划中的最终产品,对于企业来说是最终完成、要出厂的产成品,它要具体到产品的品种、型号。主生产计划会详细规定在什么时间段生产什么产品,使之成为开展MRP的主要依据,起到了从综合计划向具体计划过渡的承上启下的作用。

2. 物料主项

这主要是储存一切有关产品、半成品与材料的各种必要文档资料,如物料名称信息、产品结构阶层表、采购前置时间、物料基准存量表等，以便于MRP的运算与进行。

3. 物料清单

物料清单可以表示产品零件的构成及数量，通过MRP，可以从中计算出产品所需要的物料零件数量。对于MRP系统来说，物料清单的准确性至关重要。我们在上述"毛需求量"的计算公式中可以看到，"单位产品所需的物料数量"便是经由物料清单得出的，一旦物料清单有误，将会导致整个MRP系统出错。一般来说，物料清单的不准确通常由两种原因引起：一是物料档案不完整；二是工程变更缺少控制，造成协调不畅。对此，我们要规避不利因素，确保物料清单的准确性。

4. 库存信息

库存信息是保存企业所有产品、零部件、在制品、原材料等存在状态的数据库。在MRP系统中，会将产品、零部件、在制品、原材料甚至工装、工具等物品统称为"物料"或"项目"。为了对不同物品进行有效识别，我们要对所有物料进行编码，可以说，物料编码是MRP系统识别物料的唯一标志。

在实际工作中，MRP有效地增加了采购计划的科学性。此外，MRP在运作时，由于会受到主生产计划、物料主项和物料清单的重要影响，因此，我们要确保这些资料的准确性。

采购计划与供应链经营

在采购计划中，通常会涉及三条"流"，即产品流、资金流和信息流。其中，产品流是从供应商流向采购方，若从采购方流向供应商（如退换货），则称为逆向物流；资金流是从采购方流向供应商，相当于采购中流动的血液；信息流在采购方与供应商之间则是双向的，构成采购活动的神经系统。

一般来说，采购计划中涵盖了三个领域，一个是原料产品寻源，另一个是原料产品生产加工，再一个是原料产品交付。我们知道，任何企业都不是孤立地存在于市场中，而是存在于某个供应链之中。关于供应链，曾经有过竖向集成和横向集成的争论。

所谓竖向集成，是指企业力争做到"大而全"，试图"包打一切"，从上游原料生产，再到下游延伸的产业都是自己来做，由于自己就是自己的"供应商"，所以企业对供应商的概念比较淡化。比较典型的是，在20世纪早期，福特汽车曾经致力于竖向集成，一度从炼铁厂到零部件再到整车组装，以及销售，都试图集中在自己旗下，然而后来并未真正实行开来。

再往后，随着社会分工的日益细化，竖向集成解体，横向集成兴起，其中的典型表现是外包盛行，企业的"供、产、销"功能也不同程度地外包给了供应商。例如，零部件来自供应商，生产靠外包制造商，物流和销售分别靠第三方物流公司与第三方销售公司，企业自身则是经营其具备核心竞争力的部分，比如产品策划、设计、品牌缔造等。尽管如此，企业的产品质量和成本还是越来越多地依靠供应商因素。在这种情况下，企业之间的竞争，也不再局限于企业之间的竞争，而是变成各自供应链之间的竞争。

举例来说，A企业设计与研发出某款品牌产品，为了有效地占领市场，A企业在多年的采购计划与实施中，注重经营供应链，这使得A企业在原料供应、产品代加工、销售渠道拓展等方面均有出色的积累。B企业与A企业是竞争对手，但是B企业在供应链经营方面显然不如A企业，这使得B企业的产品在市场上常由于原料的零配件问题而遭到投诉。同时，A企业供应链经营得当，不仅保障了其品牌产品的质量，积累了好的口碑，还有效地降低了进货成本，使得A企业在市场竞争中可以"轻装上阵"，B企业由于供应链"不给力"，则渐渐丧失市场份额。可以说，供应链对企业日益重要，而企业的采购计划，则是供应链经营的一个极佳途径，通过有规则的采购，可以持续强化企业在供应链中的地位。

另外，随着很多行业转向外包战略，使得外购额逐渐增长，在企业支出中所占的比重越来越大，这使得企业对供应商的依赖度越来越高，作为对接供应商的采购部门，其重要性也在日益上升。我们以美国为例，设置"首席采购官"的企业越来越多，这是因为，企业内部越来越多的业务在外包给供应商，因此企业对供应商的管理、对供应链的经营正在变得日益重要，甚至成为企业的生命线。

基于此，我们在制订采购计划时，一定要上升到供应链经营的思想高度。其实，从供应链经营的角度来看，采购处于企业内外部的结合点，在经营供应链中发挥着至关重要的作用。采购部门通过采购计划和执行，对内管理需求，比如为设计的新产品寻找原料供应商，了解生产部门的量产需求等，对外管理供应商，比如选择供应商，对供应商进行绩效管理等。也就是说，采购部门通过管理内外两种需求来理顺供应链，让供应链变得更加健壮，从而有效提升企业的生命力和竞争力。

如何确定适当的采购数量

在实际工作中，有些企业会出现采购数量过多或不足的现象。采购数量过多，必然造成数量冗余，既占用了采购资金，又增加了不必要的库存空间；如果采购数量不足，则会直接影响生产经营的正常进行。因此，确定适当的采购数量一直是企业采购中追求的一个目标。

一般而言，适当的采购数量对于供需双方来说是一种健康状态下的双赢。那么，我们该如何确定适当的采购数量呢？采购人员机械地按照各部门的请购单上的数量作为订货数量是否就可以了呢？显然不是。我们在确定采购数量时要考虑如下一些因素：

1. 库存量

一般来说，每个生产经营中的企业都会有一定库存。企业应该拥有多少库存，除了取决于经营方针外，还取决于材料或零配件的差异。一般来说，企业要尽可能地精简库存，避免库存冗余。

2. 消费量

通常情况下，物品均有其相应的计量单位，对此，我们要根据生产中实际需要的数量来确定相应的消费量。比如，水泥材料一般以"袋"来计量，我们要根据实际工作中对水泥的实际需求量来确定采购多少袋，如果需要的袋数不为整数,我们就要向上取整(例如,5.2和5.9向上取整均为6),从而充分地满足消费量。

3. 订购次数

我们在确定采购数量时还要确定订货次数。比如,我们在采购价格低的货品时,尽管花钱不多,如每次采购几支中性笔,但是订货次数却挺多,填单、销单等一系列采购手续却很烦琐,无形当中也增加了企业的时间成本。为此,我们可以预测某个相对较长的时间段,进行较为集中的采购,从而有效规避订购次数多带来的麻烦。

4. 价格因素

一般来说,采购数量越多,价格会越低,这是因为供应商在生产制造时不需更换模具,不必重新安排作业。采购方可以适当考虑这个价格因素。另外,市场环境的变化也会导致价格波动。比如,在某个时期内,一些普通金属(如铁、铜、铅等)、贵重金属(如黄金、白银、白金等)的价格有上涨趋势,采购方就要把握机会进行提前成批订购,以免价格上涨抬高采购成本。

5. 管理费用

采购中的管理费用包含了多个项目,我们通过下述表格来详加了解采购管理费用中的常见项目:

表2-1　采购管理费用常见项目

序号	项目	备注
1	采购费用	包括采购人员的薪资费、通信费、差旅费、交通费等
2	议价费用	指与供应商讨价还价付出的时间、金钱等费用
3	库存保管的费用	库存保管的设备使用、搬运费用等

续表

序号	项目	备注
4	库存投资的利息	为采购货物而付出的资金,用于投资可获得的利息
5	库存占地的费用	仓库建筑物的维护、光热费用等
6	仓储人员的费用	仓储人员的薪资费用
7	折旧	产品老化、减耗等折旧而支出的费用

由于采购工作及货物储存会产生上述费用,我们在实际工作中,一定要加强采购数量的合理性。

6. 资金状况

企业在选择采购数量时,还要考虑自己的资金是否充裕。假如企业的资金较为充裕,就可以适当考虑将多项订货集中为一次或少数几次完成,从而形成规模优势,以争取更佳的价格优势;假如企业的资金较为拮据,就可以适当增加采购次数,这样就会稀释每次的采购数量,从而减少每次的采购资金。

7. 进货周期

我们在采购中还要考虑到供应商在制订生产计划时所需的时间,以及货物运输、验收等环节花费的时间,从而确定合适的采购数量,避免发生缺货而影响本企业的正常生产经营。

最后,在考虑上述影响采购数量的因素时,我们还可以采用一些具体办法,诸如经济订购批量法、固定数量法、固定期间法、逐批订购法等。其中,经济订购批量法是为了使存货总成本最低而订购的数量;固定数量法是指每次发出的数量基本相同,数量比较固定;固定期间法是指每次订单涵盖的期间是固定的(如每两个月的最后一周下一次订单),但是每次的采购数量可能是变动的;逐批订购法是属于我们前面讲过的MRP的一种订货技术,又称为批对批法,是指订购数量与每一期的净需求量相同,从而避免留有不必要的库存，该方法目前被很多企业使用。

总之，就像一个人吃饭，吃多了会撑着，吃少了会饿着，吃得不多不少才是正好。同样，企业进行采购也讲究"正好"原则，即要努力选对最为适当的采购数量。

采购预算：怎样编制"花钱计划"

采购部门在编制一定期间（如年度、季度或月度等）的采购计划时，会产生相应的用款计划，这就是采购预算。一般来说，采购部门可以凭借采购预算进行采购和控制采购用款支出，企业财务部门则要据此筹措和安排所需资金，以完成企业的采购工作。

在实际工作中，企业之间的采购行为经常伴随某些延期付款的方式进行，例如采用远期信用证、远期本票或支票、承兑交单等付款方式。其中，远期信用证是开证行或付款行收到信用证的单据时，在规定期限内履行付款义务的信用证，是一种运用于企业交易中的保证性文件；远期本票是持票人只能在票据到期日才能请求出票人付款的本票；远期支票是相对于"即期支票"的称谓，目的在于推迟付款日期，因此，远期支票上载明的日期往往在实际支票日之后，尽管远期支票出于某种商业习惯而约定延迟付款的日期，但它本质上仍是一种见票即付的支票，一旦支票到期，持票人便可持票要求出票人予以支付相应的款项；承兑交单是国际贸易中常用的一种付款方式，指出口人在装运货物后开具远期汇票，连同商业单据，通过银行向进口人提示，进口人承兑汇票后，代收银行便将商业单据交给进口人，在汇票到期时，进口人需履行付款义务。

上述几种延期付款的方式均可以在一定程度上推迟付款时间的到来。因此，采购部门在编制采购预算时，可以将采购预算分为到期与新购两部分，这样可以对付款时间做出准确的估测，从而有助于在一定程度上合理安排资金。

采购部门在编制采购预算时通常基于下述依据：

1. 计划中的物料需用量

这通常由生产计划管理部门在销售计划的基础上，根据所编制的生产计划，以及前期材料消耗和清单来计算得出。

2. 预计本期期末库存量

这通常由从编制预算之日起至本期期末期间的预计收入量，再减去同期预计发出量的计算来确定。预计本期期末库存量便是计划期期初库存量，这是确定计划期期末库存量的起点。

3. 计划期期末库存量

根据生产计划、销售计划以及其他市场信息，推测出计划期期末库存量。

4. 计划中的材料价格

采购部门可以根据材料的当前市场价格，以及其他各种影响因素（如生产效率的提高、市场供求关系变化等）来确定计划中的材料价格，从而推测出预算的费用。

一般情况下，采购预算中的内容以企业进行生产经营所需的原材料、零部件、备件等为主，并列入相应采购项目的数量和金额。通常来说，企业制定采购预算会通过以下六个步骤来进行：

第一步，审查企业以及各部门的战略目标。采购工作是为了更好地支撑企业与各部门的目标实现，所以要想采购预算精准，不花"冤枉钱"，我们首先要明白企业要实现的目标是什么。

第二步，各部门制订明确的工作计划。采购是为了支持各部门的工作，所以，各部门要提出今后的工作计划。

第三步，各部门确定所需的资源。一般而言，各部门要完成某些工作计划，通常需要相应资源的支持。比如，生产部门在加工制造时，起码得有原材料可加工制造，因此，各部门要确定工作中所需的资源。

第四步，各部门提出准确的预算数字。各部门根据以往的采购经验、市场行情等因素，提出预算数字，并尽可能确保数字的准确性。

第五步，由采购部门进行汇总。采购部门对其他各部门的预算进行汇总、分析与核实，并形成最终的采购预算。

第六步，采购部门向企业领导层和财务部门提交采购预算。在提交获得通过后，采购预算方可以执行。

总之，采购支出在企业经营成本中占了很大的比重，而这主要通过采购预算来实现。因此为了使企业尽可能减少不必要的成本支出，我们在编制采购预算时，一定要确保预算的科学性、合理性。

确保采购计划执行不走样

企业在编制采购计划和预算时,一个重要的原则是"成本最小化,价值最大化"。虽然各个企业都对采购预算投以足够的重视,然而在实际执行中,由于存在一系列不和谐的现象,如漏报、空报、瞒报等现象,使得采购预算难以如实、完整地贯彻,从而出现采购计划"执行难"。

在采购预算"执行乏力"的情况下,采购部门要么变相抵制采购预算的执行,要么在采购预算的执行中存在较大的随意性,甚至突破采购预算,出现赊账、拖欠或克扣采购资金等行为,以致弱化了采购预算的约束力,损害了与供应商之间的正当关系,也影响了企业的形象和声誉。

此外,由于有些企业的采购预算的权威性和严肃性被藐视,使得采购预算在采购监督管理上失控,影响了企业对采购绩效的正当管理,并使得企业的采购行为呈现混乱的特点,随之影响了企业的生产经营。

为了确保采购计划和预算能够如期执行,我们需要对采购计划进行有效的管理和控制,从而确保采购计划在执行时"不走样"。鉴于此,我们着重介绍几种采购计划的管理和控制方法。

1. 提高预测的准确性

采购计划通常基于某种预测,如果预测信息不够准确,那据此制订的采购计划就会暴露出相应的问题。那么,我们应该如何提高预测质量呢?我们通常从两个方面入手：一方面，我们可以对需求进行滚动预测；另一方面，要做好共用件的预测。其中，滚动预测能够使需求信息更加可靠地反映市场情况；共用件是指供多种产品使用的零部件，因而其采购额往往会较大。

2. 降低采购环节的不确定性

这主要是需要做到与供应商协同管理，将采购计划与供应商的生产计划统一起来。一般来说，协同采购在合作强度上分为不同的层次，合作强度不同，经营模式也不同，依据合作重要性由强到弱的划分，通常有"战略伙伴模式""重要伙伴模式""大众市场模式"等模式。企业通过选择与供应商匹配的协作模式，可以有效降低采购活动的不确定性。

3. 合理设置MPR系统的参数

企业在制订采购计划时，MRP是企业经常采用的一种方法和技术体系。在使用MRP体系时，我们要合理设置相应参数，如单位用量（指生产一个单位的父件需要消耗的子件的数量）、材料供应安全时间（不影响正常的生产经营的时间）等，并对这些数据进行经常性维护，以保证数据的准确性。

4. 合理设计安全库存

安全库存可以有效地为生产起到缓冲的作用，从而保证物料能够支持生产计划，这通常以我们前面提及的需求预测为基础。

5. 加强采购部门与计划部门的沟通

采购与计划都是服从企业总体战略的管理活动。尽管采购部门与计划部门有着各自不同的目标，但是都统一于企业的总体目标，因此，采购部部门要与计划部门协同运作，从而使得采购计划获得各部门的支持。

最后，我们在制订出了采购计划和预算时，还只是停留在纸面上的规划，究竟能否把采购做得怎么样，离不开我们实际工作中的执行与贯彻。

范本一：采购申请单据

企业在制订采购计划时，通常会了解各部门对相应物料的申请状况。因此，我们在下面提供"采购申请单"和"采购变更申请单"，供大家参考。

采购申请单

请购部门		请购日期		交货地点		单据号码		
项次	物料编号	品名	规格	请购数量	库存数量	需求日期	需求数量	单位	单价	总价	技术协议及要求
会签说明	主管			采购部门			请购部门	
				经办人		申请人	主管	
分单	第一联，采购单位（白）；第二联，财会部（红）；第三联，请购单位（蓝）。

采购变更申请单

请购部门			原请购单编号	
品名		规格		采购日期	
变动内容				
变动原因				
联系电话			经办人	
采购部意见	采购专员意见： 签字： 日期： 年 月 日	采购主管意见： 签字： 日期： 年 月 日		采购经理意见： 签字： 日期： 年 月 日
财务部核准意见	经办人意见： 签字： 日期： 年 月 日		经办人意见： 签字： 日期： 年 月 日	
副总经理	意见： 签字（或盖章）： 日期： 年 月 日			
总经理	意见： 签字（或盖章）： 日期： 年 月 日			
备注	1. 随附资料：原采购请购书复印件和已采购合同复印件。 2. 本表一式四份，请购部门/采购部/财务部/总经办各执一份。			

范本二：采购计划表和预算表

在实际工作中，企业制订的采购计划最终体现为一系列表格。我们接下来提供采购计划和预算表，供读者朋友参考。

采购计划

编号：

序号	名称	规格	物资采购厂家	单位	计划数	库存数	采购数	要求到货日期	备注

编制部门：　　　　　　　　批准：

采购预算

制表部门：　　　　　　　　　　　　　预算期间：

物品名称及规格	单位	单价	生产需用量	本月末计划库存量	上月末库存量	预计采购量	预计采购金额	预计本期支付采购资金	预计支付前欠货款	预计支付本期货款

审批：　　　　　　　　　　　　　　　制表人：

第三章　供应商关系管理

　　我国南宋著名词人辛弃疾在《青玉案·元夕》一词中写道："众里寻他千百度，蓦然回首，那人却在，灯火阑珊处。"千百年来，人们在追求美好事物或目标的过程中，常常会引用这几句话。作为社会分工中的一员，世界上没有任何一家企业可以凭一己之力"包打天下"，企业在服务客户的同时，又在被自己的供应商所服务。举例来说，苹果公司在全球共有793家供应商（2014年6月数据），其中有349家分布在中国大陆；小米公司公布的供应商数量有近30家（2013年数据）。

　　可以说，任何有出色表现的企业，其背后一定有优质供应商默默地倾力付出，从而使得企业与供应商之间形成了一种"唇齿相依"的关系，即企业为供应商提供市场，供应商则在供应链上游为企业提供生产与经营支持。采购人员在工作中直接接触供应商，对于供应商的筛选与有效管理可谓责无旁贷。

寻找供应商时有哪些渠道

俗话说"货比三家",在采购时要综合比较究竟哪家供应商提供的货最物美价廉,就需要掌握较丰富的供应商资源。那么,我们可以从哪些渠道找到供应商呢？我们接下来就提供一些常见的渠道。

1. 借助互联网的信息优势

在当今互联网时代,网络所带来的信息优势,是以往其他任何平台都难以比拟的。比如,在互联网的世界里,我们通过百度、谷歌、必应等搜索引擎可以搜索到丰富的信息,包括数量丰富的供应商的信息。这是因为,处于互联网时代,几乎每一个企业都在不同程度地融入互联网,我们通过挖掘互联网中的资源,足不出户就可以获悉大量的信息。

另外,我们还可以登录一些行业网站,从中寻找潜在的供应商。举例来说,对于一个汽车生产厂家来说,可能需要收集相应的标准件生产厂商,那么该汽车厂家就可以登录一些标准件行业的网站,从中获得有针对性的信息。

2. 利用现有的供应商资源

一般来说,企业都会汇总自己的供应商资源信息。采购方可以了解现有的供应商,以及其在行业中都有哪些竞争对手,现有供应商的竞争对手往往也可以作为采购方的备选供应商。同时,这还有助于供应商之间展开绩效竞争，使得采购方获得更佳的价格和质量保障。

3. 参加产品展示会结识供应商

如今，很多城市都会定期或不定期地举办一些行业展会，采购人员可以到这些展会上直接收集供应商的信息，还可以与供应商人员直接接触与交流，这样有助于加深采购人员对供应商的认识，还可以丰富采购人员对供应商了解的信息。

4. 通过第三方协会渠道

很多行业会成立相应的协会，这些协会组织往往集中了本行业内丰富的企业信息。供应商也处于某个行业之中，所以，我们在寻找供应商时，要懂得目标供应商处于哪个行业之中，然后与这个行业的协会组织取得有效联系，请其推荐若干供应商名单。这种情况下，协会组织为了显示自己在行业内"整合资源"的重要性和权威性，通常会予以推荐。然后，对于行业协会的推荐，采购人员可以跟进与沟通。

5. 征询企业内部的物料使用部门

一般来说，企业内部最终使用物料的工作人员，对若干种物料的特性与品牌信息都会比较熟悉，采购人员可以从这些物料使用者处获得相关供应商的信息。那么，采购人员如何处理企业内部人员推荐的供应商问题呢？采购人员应该把内部使用者的建议，当成"指定"，还是"推荐"呢？对此，我们可以参考16字方针，即"广泛参与，以我为主，内部推荐，机会优先"，这样做，既尊重了内部使用者，同时又确保了采购的规范操作。

6. 阅读专业性的刊物

采购人员可以通过专业的报纸、杂志收集相关信息。这些报纸、杂志可以是电子形式的，也可以是纸质形式的。一般来说，这些刊物上会提供相应行业内的供应商信息，使得采购人员收集的供应商信息比较有针对性。

7. 临时到访的销售人员

尽管现在越来越多的企业采用了电话销售、网络销售等远程销售方式，但是传统的"登门拜访"式销售仍然不同程度地存在。再者，这种"登门拜访"式的销售有助于销售人员比较全面而直观地与客户交流，因而有着其他远程销售方式难以替代的独特优势。所以，一些供应商会安排其销售员直接拜访客户，以了解采购信息。对此，采购人员可以从这些到访的供应商销售人员那里了解供应商的一些信息。

在实际工作中，除了上述寻找供应商的渠道和方式以外，采购人员还有很多其他方式，比如，通过电台、电视台广告，一些"黄页"或电话目录，发出公开征求供应商的信息等方式，也可以获得供应商信息。那么，采购人员在收集了足够数量的供应商信息后，应该怎样做才能找到自己要找的供应商呢？这就是我们接下来要讨论的问题。

如何筛选出最适合的供应商

通过收集供应商信息，相信采购人员的手中会掌握足够数量的供应商信息。我们接下来的工作，就是从大量的供应商中选出最适合的供应商进行合作。为了帮助采购人员在实际工作中提高选择供应商的效率，我们提供一个"三轮确定供应商"的方法。

第一轮筛选，让所有供应商都填一个SBI表，从中初步筛选出基本合格的供应商。

SBI的全称是Supplier Basic Information，译为"供应商基本信息"。通过该步骤，可以使采购方了解供应商的基本信息。一般来说，如果供应商填写了SBI表，就意味着供应商和采购方之间存在着合作意愿；如果供应商不填写SBI表，则采购人员可以了解相关原因。供应商基本信息表的格式大致如下：

表3-1 供应商基本信息表

填表人：   填写日期：   年   月   日

供应商名称（公章）：				
供应商编号：		所在地区：	省 市	
联系方式	联系人		法人代表	
	手机		企业负责人	
	电话		地　　址	
	传真		邮　　编	
	E-mail		网　　址	

续表

企业基本状况	企业性质			企业注册时间	
	注册资本			营业执照编号	
	占地面积		场地性质： □ 自建 □ 租用 自建场地产权证/租用合同证件：	税务登记号	
	工程人员数			开户行名称	
	品管人员数			银行基本账号	
	企业总人数			发票类型	
经营范围及主要产品/代理产品					
基本生产能力				供货周期	
设备状况	设备分类	设备名称及规格产地	数量	设备名称及规格产地	数量
	主要生产设备				
	主要检测设备				
产品代理商填写	代理产品授权证明： □ 有　□ 无		产品生产厂家的全套图纸： □ 有　□ 无		
	能够提供代理进口产品进货证明材料： □ 报关单　□ 收货单				
	代理产品国内所属级别： □ 一级代理　□ 二级代理　□ 三、四级代理				
	代理进口产品中光无源器件占销售额比例（%）		提供产品销售厂家名单： □ 有　□ 无		

续表

质量体系	质量手册： □有 □无		体系文件： □有 □无	
	作业流程： □有 □无		文件记录： □有 □无	
	认证资质：		质量方针：	
其他				
评审意见	采购部门		品质部门	
	负责人		确认人	

采购人员通过供应商填写与反馈的上述"供应商基本信息表"，可以比较全面地了解供应商的基本情况，从而筛选出基本合格的供应商。

第二轮筛选，让在第一轮中筛选出的供应商都填一个SSA表，进一步缩小供应商的范围。

SSA的全称是Supplier Self Assessment，译为"供应商自我评估"，这比第一轮的供应商基本信息表（SBI）中的内容更为详细和有针对性。供应商自我评估表的格式大致如下：

表3-2 供应商自我评估表

填表人： 填表日期： 年 月 日

单位 名称		注册 地址		企业 性质	□个体 □私企 □集体 □合资 □国有 □其他
强制性许 可证件		组织机构 代码		企业 规模	
联系人		联系方式		其他联系 方式	
供货 方式	□厂家直供 □代理商 □零售 □其他		运输 方式		
付款 方式	□预付定金 □分批结算 □货到付清 □先款后货 □留质保金				

续表

评估项目	评估标准	是或不是
质量	1. 验收相关证件（合格证、鉴定报告等）是否齐全？	□是　□不是
	2. 使用过程是否出现严重缺陷？	□是　□不是
	3. 退货、换货以及不合格品处理的效果是否达标？	□是　□不是
价格	1. 价格波动性：近1个年度同一产品价格波动是否较大？	□是　□不是
	2. 付款比例：是否可以接受前期款、中途款、尾款分比例的付款方式？	□是　□不是
交货能力	1. 是否能按期交货，数量是否准确？	□是　□不是
	2. 出现质量问题的处理反应能力是否及时？	□是　□不是
服务	1. 资金暂时不到位时，是否积极按期继续供应？	□是　□不是
	2. 是否通过ISO9000认证？	□是　□不是
	3. 是否有计划性、主动地进行跟踪回访？	□是　□不是
信誉	是否出现媒体负面新闻？	□是　□不是
道德	1. 行政人员、管理人员和员工都知晓劳工法赋予的法律和职责吗？	
	2. 实施了一个用来辨别对员工健康和安全的特殊危险以及防止工伤事故发生的体系吗？	
	3. 对于所有业务活动的反腐败/反贿赂，公司是否有适当的体制？	
	4. 公司是否有制定对待童工、女员工，以及关于歧视、强迫劳工、工时、报酬、工作条件、健康和社会福利设施、安全、结社自由以及集体谈判等方面的社会责任标准？	
	5. 有个人资料档案吗（例如：身份证和工作合同的副本）？	
	6. 具备时间纪录系统（例如：出勤表、打孔卡和时间卡），用来登记每位员工工作日的开始和结束时间吗？	
	7. 员工有工资单吗？	
	8. 有薪资清单吗？	
	9. 有关于健康和安全培训（如防火培训）方面的培训记录吗？	
	10. 有关于正在使用中的有危害化学品的文件证明吗（尤其是涉及物料安全的数据表）？	
	11. 有关于急救资格的证书吗？	

通过供应商自我评估表，我们可以进一步从中筛选出符合要求的供应商。至此，我们可以看到，在前面两个步骤中，供应商的信息和评估，主要是由供应商来做的，接下来要由采购人员对供应商做进一步的评估。

第三轮筛选，建一个供应商评估模型，从上轮筛选出的供应商中确定要找的供应商。

为了筛选出最适合采购方要求的供应商，采购人员接着要对经前两轮筛选出的供应商进行综合评估。其中，采购人员对供应商的评估主要参考八项指标，它们分别是：

第一，质量。包括：产品层次上的质量，产品要达到预期的性能指标或相关标准的指标，产品的特性要满足顾客的要求等；现场生产线的质量，没有好的过程，不可能生产出高质量的产品，过程质量是产品质量的一个重要保障；管理的质量，如是否符合ISO9000质量体系等。

第二，成本。价格要有市场竞争力，还要总成本最小化，即订单、处理、物流、检验、库存、质量成本等要优化等。

第三，交期。要能准时交货、及时交付，具备有效的灾难应急计划等。

第四，技术。关于技术的考量，具有一定的相对性。采购方需要了解自身的技术状况，对技术的具体需求，以及采购中谁提供技术支持等问题。

第五，响应和灵活性。包括对订单的快速响应、足够的产能等。

第六，管理和财务。包括公司组织的稳定性和人员管理、财务健康等。

第七，可持续性。包括守法、环保、安全、劳工保护、慈善事业等。

第八，服务。主要包括供应商的服务意识、综合服务能力。

一般来说，我们通过上面的三轮筛选，基本可以确定企业所需的供应商。采购人员在实际工作中还要多加练习与体会。

处理供应商关系的"八字方针"

平时谈到供应商关系处理时，我们或许常会听到类似"我们与供应商的关系是双赢的合作伙伴关系""面向21世纪全天候的战略合作伙伴关系"等说辞，这些说辞的确表达出了企业希望与供应商"处好关系"的期望。那么，我们应该怎么做，才能让这种期望落到实处呢？在此，我们就处理供应商关系，提供一个"八字方针"做参考。

这个"八字方针"是"分类、减少、开发、扶持"。其中，"分类"是基础，在分类的基础上进行"分而治之"，后面六个字"减少、开发、扶持"便是针对不同类别的开发商采取的相应策略。

在对供应商进行分类的问题上，我们根据采购金额与供应风险两个维度，将供应商分为四类，如图3-1所示。

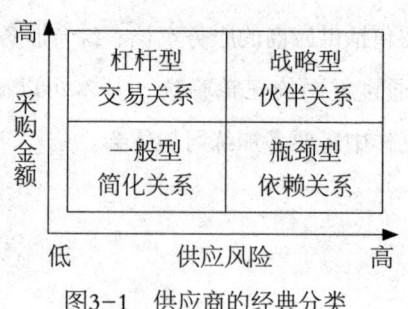

图3-1 供应商的经典分类

在上图中，采购金额的大小比较好理解，也比较直观，供应风险主要表现在五个方面，即质量表现、产能保障、技术配套、资金实力和管理水平，这五个方面会不同程度地影响采购方的生产经营。根据"采购金额"和"供应风险"两个维度的划分，"一般型"供应商的采购金额不大，对于采购方造成的风险也比较低，这类供应商通常提供MRO（全称为Maintenance, Repair & Operations，译为维护、维修和运行，指在实际的生产过程中不直接构成产品，只用于维护、维修、运行设备的物料和服务）类的产品，比如办公用品与设备、日常劳保用品、低值易耗品等。"一般型"供应商提供的物料往往不会直接构成产品必要的组成部分，对于采购方来说，主要是简化采购，尽可能降低不必要的成本。

"杠杆型"供应商主要是采购金额大，但是供应风险小，这类供应商有3个显著特征，即"标准件、同质化与竞争性"。它们通常提供标准件，所以产品的同质化程度较高，也使得其面临的市场竞争比较激烈。由于"杠杆型"供应商提供的物料占用采购金额大，采购方如果能够有效降低采购费用，就可以在很大程度上降低企业的生产成本，从而起到明显的杠杆作用。所以，采购方与"杠杆型"供应商之间突出表现为交易关系，在保证质量的前提下，价格越低越好。

"瓶颈型"供应商主要是采购金额小，但是对采购方造成的供应风险却比较大，这类供应也具备3个显著特征，即"非标准件、定制与垄断性"。它们通常提供非标准件，产品同质化程度低，难以模仿，而且常常是采购方定制的或有特殊要求的，这使得该类供应商提供的物料或服务具备"垄断性"的特点，这种"垄断"往往由技术、政策、行业等方面形成。对此，可供采购方选择的货源不多，同类产品之间的差异也较大，采购方为了满足生产经营需要，还得把这些产品买回来。对于这类供应商，采购方主要是致力于降低供应风险，保障正常供应。

"战略型"供应商是指采购金额大、供应风险也很高的供应商。这类供应商通常提供战略型物资，对产品的质量、成本以及交货保障均至关重要，为此，采购方甚至不惜牺牲短期利益，少赚钱甚至不赚钱，也要获得与此类供应商的长期合作。因此，"战略型"供应商才真正是企业平时所说的"战略合作伙伴"，也是企业致力于长期发展的伙伴关系。

我们在对供应商进行上述分类后，接下来就是对不同类别的供应商进行"分而治之"了。其中，"减少"主要是对"一般型"和"杠杆型"供应商而言。对于"一般型"供应商，企业重在系统合作，简化采购流程，减少交易活动，降低交易成本；对于"杠杆型"供应商则是执行集中采购、批量采购，实现规模效应，从而使得杠杆作用最大化，最终降低采购价格，处理与"杠杆型"供应商的关系的核心是执行集中采购。

在这里，集中采购包括3个层次，分别是：物料采购向采购部门集中；标准化产品的采购向单一供应商集中，发展单一供应商；不同产品的采购向同一个供应商集中，发展集成供应商，实施集成采购，从而更大程度地降低采购成本。

"开发"是针对"瓶颈型"供应商而言的。为此，采购方主要是"发展后备，寻找替代"，不断地寻求新材料、新货源、新技术，以及了解价格趋势，在积累了更多的备选供应商之后，有利于采购方打破"瓶颈型"供应商的"垄断"，或者增加采购方的谈判筹码，从而降低供应风险。

"扶持"针对的是企业的所有优质供应商，重点是"战略型"供应商。其实，采购方的"扶持"，更大程度上是对供应商的认可与鼓励，从而帮助供应商"从优秀到卓越"，致力于发展长期共赢的合作伙伴关系。

最后，希望"八字方针"能够积极促进采购人员在工作中对供应商关系的正确处理。

不要被供应商牵着鼻子走

在实际工作中,一些采购新手经常在供应商面前显得很被动,无法辨别供应商承诺的真假及合理与否,结果被供应商搞得很被动。对此,我们认为,采购人员一定要提升自己应对供应商的能力,切忌被供应商牵着鼻子走。

小王大学毕业不久,应聘到一家公司担任采购员。由于公司准备采购一批画册送给一些客户,以维持客情关系,小王便受命采购这些画册。小王在网上多方搜索与联络后,初步确定向一家供应商采购画册。这家供应商的老板特别能说会道,和小王称兄道弟,并声称与小王一见如故,还介绍了自己如何给小王最低的价格、最好的质量,并说这样的价格,换了别人一定不会卖。就这样,小王在供应商的滔滔不绝中,自己做主,以每本画册7元的价格向该供应商采购了5万元的货。同时,供应商以"杜绝赊欠"为由,催促小王快速办理了付款手续。

然而,当小王采购的这批画册送到公司后,公司内的其他同事却告知,这些画册的市场价不过1元多,并为小王提供了几家供应商来咨询,果然是1元多的价格。当小王询问供应商价格差距为什么这么大时,供应商却一口咬定自己卖的画册成本高,价格也是地道的。由于小王当时看供应商跟自己谈得很"真诚",就没有跟供应商签订采购合同,因此一时无法制约供应商。通过这件事,公司的领导也对小王有了些看法,希望小王"如实交代"与供应商的关系,并以小王"不适合做采购"为由,暂时将小王调到其他部门。

小王后来回忆起这件事时，意味深长地说："采购人员千万不要被供应商牵着鼻子走！"

其实，采购人员除了要不被类似上述新合作的供应商"牵着鼻子走"，对于已有过合作关系的供应商也不能偏听偏信，以防造成采购失误。

2014年，与麦当劳合作22年之久的福喜集团旗下数家加工厂由于长期使用过期肉类，而且内设两套账本，致使福喜集团酿成"过期肉"食品安全丑闻，直接影响了福喜集团的正常经营，使得福喜集团损失巨大。由于福喜集团还长期为麦当劳、肯德基、星巴克、必胜客等知名餐饮品牌供应肉类食材，使得这些餐饮品牌的经营也随之受到影响，出现营业额下滑，甚至影响了品牌美誉度。

人们在分析福喜丑闻时发现，由于供应商福喜公司与麦当劳等餐饮品牌合作多年，使得采购方在产品开发、质量检验方面都非常依赖供应商，这使得采购方在不知情的情况下，按惯性使用了福喜某工厂提供的问题原料。

由此可见，不管是对新供应商，还是对老供应商，采购方均应进行必要的市场调查、产品检验、合同签订等工作，从而严控采购中的风险。身为采购人员，要避免凭个人喜好与感受处理与供应商之间的关系，而是要侧重"照章办事"。同时，采购方企业也要加强对采购的制度化管理。

总之，在企业生产经营中，供应商是资源，采购人员一定要用好、管好资源，如果管不好这些资源，就可能使企业经营受挫。因此，采购人员在处理供应商关系时，务必要发挥主动性，避免对供应商偏听、偏信，防止酿成不必要的后果。

持续对供应商进行绩效考核

美国著名管理学大师彼得·德鲁克说："没有考核就没有管理。"诚然，采购人员要想对供应商进行有效管理，就离不开相应的绩效考核。在这方面，采购方要持续不断地通过绩效考核对供应商予以监督，看其能否实现预期效果，同时也可以对新供应商进行甄别，看其潜力能否达到采购方要求的水平。

其实，采购方对供应商的考核，主要是为了掌握供应商的经营概况，从而确保其供应的产品质量符合企业的要求，还可以协助供应商改善质量，以提高其保质、保量的交货能力。为了实现对供应商的有效考核，采购方可以根据实际工作中的需要，设置不同的考评项目，从而对供应商提出相应的评分体系。我们以下面的评分表格为例：

表3-3 供应商评分体系表

序号	项目	评分时间和次数
1	交货品质	根据具体的交货状况，采取每批评一次，或每隔一段时间（月度、季度等）评一次
2	配合状况	指供应商是否积极配合采购方的正当要求，一般是每隔一段时间（月度、季度等）评一次
3	管理体系	一般是根据国际通行的ISO9000体系要求，每隔一段时间（半年、一年等）评一次

续表

序号	项目	评分时间和次数
4	其他项	视具体内容而定，如把价格因素纳入评分中，每隔一段时间（季度、半年等）评一次

在对供应商的具体考评中，我们会参考一些绩效指标来进行。比如，在对供应商所供产品价格的合理性考评上，我们可以根据同类材料在市场上的最低价、最高价、平均价计算出一个较为标准、合理的价格，然后与供应商的报价进行比较。

在考评供应商所供产品的品质时，我们通常有批退率、平均合格率与总合格率3种计算方法。其中，批退率是采购方根据某固定时间段内（如一个月、一季度、半年、一年等）供货方交货多少批，采购方退货多少批计算出来的，其计算公式为：

$$批退率 = 判退次数 \div 交货次数 \times 100\%$$

比如，某供应商半年内交货50批次，判退5批次，其批退率 = $5 \div 50 \times 100\%$ = 10%。供应商批退率越高，意味着其品质越差，得分也就越低。

平均合格率是根据供应商每次交货的合格率，计算出某固定时间段内交货合格率的平均值，以判定供应商的产品品质优劣。其计算公式为：

$$平均合格率 = 各次合格率之和 \div 交货次数 \times 100\%$$

比如，某供应商在一个月内交货3次，其合格率分别为92%、89%和95%，则其平均合格率 = （92% + 89% + 95%）$\div 3 \times 100\%$ = 92%。供应商的平均合格率越高，表明其品质越好，得分越高，反之则越低。

总合格率一般指供应商交货总量中的合格率，其计算公式为：

$$总合格率 = 总合格数 \div 总交货数 \times 100\%$$

比如，某供应商一年内共交货100万件，总合格数98万件，则其总合格率 = $98 \div 100 \times 100\%$ = 98%。供应商的总合格率越高，表明其品质越好，得分越高，反之则越低。

我们还可以采用交货率与逾期率来考评供应商。其中，交货率是指采购方所订购的货物中，供应商是否足额配送；逾期率是指供应商在交货时是否逾期。这两个指标的计算公式分别为：

$$交货率=送货数量 \div 订货数量 \times 100\%$$

$$逾期率=逾期批数 \div 交货批数 \times 100\%$$

其中，供应商交货率越高，则得分越高；逾期率越高，则得分越少。

此外，我们还可以通过配合度指标来考评供应商的服务质量。对于采购方的正当要求，供应商配合得越好，表明其服务越好，得分越高，反之则越低。

我们不妨对各考评指标分配以不同的权重，令其总分为100分，从而评价供应商整体绩效的好坏，如表3-4所示。

表3-4　供应商绩效考核分数表

评比项目	满分	评估分			
		供应商A	供应商B	供应商C	供应商D
价格	15				
品质	60				
交货情况	10				
配合度	10				
其他	5				
总　分					

我们通过上述方法对供应商进行考评后，分别给予其奖励或惩罚。比如，对于合格、优良的供应商，我们可以确定为重点合作伙伴；对于不符合标准的供应商，甚至可以将其剔除出合作伙伴之列等。

不要热衷于淘汰供应商

俗话说"一朝天子一朝臣",有些公司,随着采购人员的更换,往往会"淘汰"既有供应商,随之更换为新来的采购人员"认可"的新的供应商。从某种程度上来说,供应商的更换,或许在采购方面能为企业带来新的发展契机,但正如黑格尔所说"存在的必有其合理之处",因此,采购人员在"淘汰"供应商的问题上需要慎重。

一般而言,采购人员在走马上任之初,不建议轻易更换已有的供应商,除非其存在绩效考评方面不可饶恕的原因,例如质量、交货、价格等方面出了问题。这里面的原因很简单,已有的供应商大多经历了与采购方的磨合期,对采购方的各种要求、流程、体系均比较理解。若贸然引入新的供应商替代已有的供应商,采购方不可避免地要与新的供应商度过一个短则几周、长则几个月甚至超过一年的磨合期。

我国民间有句谚语说"家有一老,胜似一宝",对于已有的供应商而言,在某种程度上会对采购方起到积极的作用。比如,对于一些制造型企业而言,尽管有图纸、规范,看似每个供应商拿来就可以做,然而在物料加工中,最新的变动信息未必与这些图纸、规范完全一致,供应商一般会在正式发布的图纸上做些修改,这样的话,在采购方更换了新的供应商后,虽然新的供应商"按图加工",但是做出的产品却不一定能够满足采购方的最终要求,进而影响采购方的正常交货。

实际上，在供应商管理的问题上，"如何淘汰供应商"一直是人们关注的焦点。这其实是一个误区。一般来说，采购人员在供应商管理的问题上，通过绩效考评淘汰不符合要求的供应商，是"有理有据有节"的，而对于可以进一步提高服务质量的供应商，则应当努力与它们共同发展，携手前进，这样才能获得供应商的有力支持。所以，采购人员在淘汰供应商的问题上，切忌情绪化。

此外，在供应商管理上，"淘汰"也不应成为管理供应商的"主旋律"，否则，供应商与采购方之间就难以建立合作的基调。这是因为，如果采购方并不希望与供应商"抱团发展"，而是常常想着"换掉"现在的供应商，那么，供应商在与采购方合作时，往往就不会全力以赴，甚至会减少在采购方这里付出的时间和精力。这样，供需双方就难以确立彼此信任的合作关系，一旦在双方之间萌发了这种互不信任，将极不利于后续合作的开展。

再者，如果采购人员热衷于淘汰已有的供应商，企业同样热衷于此，那么必然导致已有的供应商被"淘汰"，但是经过若干时间以后，新进入的供应商又变成了"已有的"老供应商，又要面临被"淘汰"，以"辞旧迎新"。这样，会导致企业在供应商选择方面投入不足，即便是老问题解决了，又会使新问题成为老问题，周而复始，企业会频繁陷入这种"吃两遍苦、受二茬罪"的恶性循环，其结果必然不利于采购环节的健康开展。

从某种程度来说，热衷于淘汰供应商的人，要么是对采购工作不甚熟悉，缺乏理性的发言权，要么是"别有用心"。对此，企业应予以关注。

最后，供应商是否该被"淘汰"，要由客观公正的绩效考评结果来决定，而不应该依据个人的情绪来定，个人情绪更不应该成为"指导"供应商管理的方针。采购方最终与供应商发展的关系，应该是互相尊重、扶持与双赢的合作关系。

如何确保供应商的交货期

我国自古以来在用兵方面有个老规矩，那就是"兵马未动，粮草先行"。的确，古代行军打仗时，只有军队的粮草供给足够，才能保障士兵填饱肚子、战马吃够草料，这样士兵才能有足够的体能在战场上奋力杀敌，战马也才能有足够的力气纵横驰骋。其实，在企业的生产经营中，企业往往也需要上游供应商供应的原料来进行生产加工，如果在采购中无法保障交货期，就会影响企业正常的生产经营。

尽管交货期对企业的经营非常重要，然而在实际中，有些企业在交货期管理方面还是存在不尽如人意之处。举例来说，有家企业研制的新产品上市发售后，广受好评，企业随之接到了经销商更大的订单。这时，企业正待开足马力生产，却发现预期订购的原料未按时到货，无法继续生产，需要等原料到位才能生产。由于市场反应速度快，其他类似产品开始出现。当这家企业终于等到原料交货后，已经延迟了一段时间。"商场如战场"，此时，这家企业在市场上已经不再"独领风骚"，而是出现了竞争对手，该企业也丧失了早期扩大市场、抢占市场份额的良机。这个例子就反映了交货期延迟给企业带来的不利局面。

那么，采购方如何才能确保供应商的交货期呢？我们接下来提供几个解决办法，既包括了对供应商自身情况的要求，也包括了采购方应做的努力。具体如下：

1. 供应商的交货期是否"可执行"

在实际工作中,有些采购是急件,超越了供应商正常的生产和交货能力,这种情况下,供应商一般不能按时交货,也说明这样的交货期具备不可执行性。这时,如果采购人员片面强调尽快交货的重要性,并且带有"逼迫"色彩的话,供应商一般会说"试试看"或者"我尽力",结果往往难以按照采购人员的主观"交货期"来交货,由于供应商也并未承诺超出自身能力交货,最后往往不了了之。因此,采购人员应该和供应商共同商量一个可执行的生产计划,然后双方签字,以作为供应商的正式承诺。

2. 供应商是否"能执行"

这里的"能执行"主要是具体考察供应商的技术和管理能力,比如,供应商能生产哪些类型的产品,以及供应商对生产数量的良好掌控。这往往跟供应商的产能、生产组织系统、反馈系统有着密切关系。

3. 供应商是否"愿执行"

一般来说,如果采购方不是供应商的大客户,需求量也少,供应商还要为采购方调整生产计划,在这种情况下,对于采购方在交货期方面的强调,供应商可能会存在不愿执行的倾向。另外,还有一些企业拖欠供应商的货款,并寄希望于供应商继续"按期交货",那么供应商自然不愿意再去用心服务。所以,在确保交货期时,采购方还要考虑供应商是否"愿执行"的问题。

4. 采购合同中是否存在"必执行"

在与供应商签订的采购合同中,采购方要明确规定交货期的条款,如果供应商不能按时交货,会有什么样的惩罚措施。这些惩罚措施可以包括:供应商支付违约金,或者采购方延迟付款,或者以后减少订单等。需要注意的是,这些惩罚措施要符合相关法律法规的规定。

5. 采购人员是否监督供应商执行

一般来说,即便供应商方的领导已经交代了"按期交货"的命令,供应商方的具体执行人员未必不打折扣地去执行。也就是说,向采购人员做出承诺的,可能是供应商方的销售员、销售经理,甚至总经理,但这些做出承诺的人往往不是直接操作业务的人。在这种情况下,一旦交货延迟,采购人员还是难逃"采购不力"的评价。为此,采购人员要监督供应商的交货,多跟供应商具体操作部门的人员联系,了解交货的最新进展。

最后,能否按时交货不仅会影响采购方对供应商的评价,也会影响采购人员在本企业内受到的工作能力强弱的评价,为此,采购人员和供应商都要努力落实交货期。

ESI：早期供应商参与

ESI的全称是Early Supplier Involvement，译为"早期供应商参与"。也就是说，企业在产品的开发阶段，采购人员就应该参与，从而提供相应的供应商信息供企业参考。

举例来说，在企业经营中，通常是先进行产品设计，接着进行市场调查，取得销售订单，然后进行产品开发，再采购、生产、交付。企业的这种运营方式会由于多家竞争对手参与竞争，使得销售订单迟迟拿不到，等到好不容易拿下了销售订单，往往已经过去了一段时间，此时，产品开发周期不便于压缩，生产制造周期也不便于压缩，工艺要求不能随便修改，产品的交付周期也不能随便改，否则客户会不答应，这时，企业就只能尽力压缩采购周期，采购人员又只好去压缩供应商的交货期，于是，供应商变得特别"急"，在供应商内部又面临这样的循环施压。

面对上述情况，企业就可以采取让采购人员带着供应商的信息早期介入的方式，这样，企业在研发某款产品时，采购人员就可以获悉需要寻找什么样的供应商，也便于供应商提前做好准备。实际上，ESI对采购方和供应商均有利。

其中，ESI对采购方有利的方面包括：有效缩短产品开发周期，降低开发成本和采购成本。据统计，实行ESI的产品开发项目，开发时间平均可以缩短30%~50%；同时，供应商的专业优势还可以为产品开发提供性能更好、成本更低或通用性更强的设计，以及帮助采购方简化产品的整体流程设计，还可以使得采购方减少寻找供应商而花费的成本；由于供应商在其所处领域更为专业，因此可以提供更可靠的零部件，从而改进整个产品的性能，也有效避免了零部件问题而造成的产品质量不稳定。

ESI对供应商有利的方面包括：使供应商提前熟知客户的要求，从而使其凭借自身的专业优势，比其他同类供应商更能获得客户的认可；再者，供应商对客户的需求有更为直接、深入的了解，从而进一步提高自己的开发水平，以保持领先或独特的地位，并使客户享受到由供应商进步带来的优质成果。

举例来说，号称"世界上最安全的汽车"生产厂家沃尔沃，在产品开发中，就要求采购早期介入，并根据需求邀请供应商早期介入，从而较好地做到汽车零部件的生产准备保证，确保了零部件及时交付，在很大程度上保证了产品的供应和质量。

一般来说，ESI大多涉及战略合作问题，并非所有的供应商都适合早期参与。那么，适合早期参与的供应商应该满足什么样的条件呢？

第一，共同的战略目标。假如供需双方在资本层面进行了合作，比如相互参股，或者存在合并与收购情形，那么在业务层面就很有必要开展早期合作，以增进供需双方的了解和信任。

第二，采购的迫切需要。对于一些制造型企业而言，为了强调产品设计与研发的核心能力，往往选择剥离非核心业务，并将这些非核心业务进行外包。这时，企业为了确保零部件环节不出问题，一般会邀请有实力的供应商参与到早期设计中来。

第三，供应商要具备一定实力。我们以汽车行业为例，通常有一级供应商、二级供应商之分。比如，生产动力系统（如发动机）、电子控制系统（如车载电脑）、空调系统的供应商为汽车整车厂（又称为"主机厂"）的一级供应商。相应地，二级供应商则是给一级供应商供应产品或服务（如供应螺丝钉等标准零部件）的供应商。由于很多一级供应商手中掌握着核心技术，汽车整车厂在对整车进行规划和研发时，往往就需要这些一级供应商介入，以探讨方案的可行性问题等。

总之，企业实施采购和供应商早期参与，并且明确不同阶段的相应职责，有利于缩短开发周期，改善成本和质量，提升采购效益。

VMI：供应商管理库存

VMI的全称是Vendor Managed Inventory，译为"供应商管理库存"，在销售领域，VMI还被称为"寄售"。在汽车行业，普遍采用VMI的库存管理模式，也就是说，放在整车厂的原料库存，不记录在整车厂的账目上，而是记录在原料供应商的账目上，对于放在整车厂那里的原料库存，整车厂按照使用量来向供应商支付货款。正是因为VMI的这个特点，有些西方公司还称其为"Pay On Usage"，即"用了再付"，言外之意就是"不用不付"。

那么，企业采用VMI的库存管理模式，对于采购方和供应商都有哪些好处呢？通常来说，对于采购方而言，可以实现"零库存"；对于供应商而言，可以减少库存空间。不仅如此，VMI还会对供应商形成某种激励作用，促使供应商想方设法提高产品质量，降低产品成本。

举例来说，假如一个采用VMI的企业的库存分为原料库存、在制品库存和成品库存，那么这家企业会最注重哪种库存呢？一般来说，会尤其注重成品库存。这是因为，成品可以拿到市场上直接销售转变为现金，从而改善企业的现金流，所以，企业普遍会关注成品库存的增减。在正常情况下，成品库存增加得越多，意味着挤占企业资金越多；成品库存减少，一般意味着成品在市场上转变成了现金，或者起到了现金的作用。

相对而言，采购方库存里的原料则是供应商的产品，因此供应商对这些产品会格外关注，包括为采购方提供高质量、价格合理的原料产品，以促进采购方使用，只有这样，供应商才能获得相应的货款。假如企业所在的供应链中，每个成员企业都有这种把产品做得"物美价廉"的内在驱动力，就会促进整个供应链的成本有效降低。

在实行VMI模式之前，供应商总是盼望采购方"买得越多越好"，这样，供应商可以获得更多的销售收入；然而在实行VMI模式之后，尽管供应商把货送到了采购方的仓库里，但是采购方并不会直接付款，要等到自己使用后才付款。在这种情况下，供应商就会认真地与采购方确认，诸如"你要这么多货，能用得了吗？"不仅如此，供应商还会研究大的市场环境，了解采购方的生产计划，以及VMI还有多少库存。在VMI模式下，由于堆放在采购方处的原料库存仍记在供应商的账上，供应商就会主动努力降低库存。

其实，VMI这种模式与销售中的"寄售"有相似之处。比如，供应商把货品放进一家商店，并与商店约定：货卖出去后，商店再从中抽取一部分佣金，并把货款剩余部分交给供应商；若货卖不出去，商店则不用支付给供应商货款，同时，放在商店里的货物还属于供应商所有。如果我们用VMI的思路来看的话，商店相当于实施VMI的一方，供应商相当于"寄售"。

在实际工作中，当采取VMI模式时，供需双方要约定好相关事项。比如，货物从供应商处运输到采购方处，运输费用需要谁承担？货物在采购方存放期间，如果货物丢失或者发生火灾等事故，供需双方谁来承担责任？这些问题在供需双方采用VMI模式时，都要提前沟通清楚。

另外，采用VMI模式，从原则上说，货物的所有权属于供应商，供应商有权处理这批货物的归属。假如货物在采购方仓库存放期间，供应商将这笔货物转卖给其他客户，又该怎么办？一般来说，这种情况不会发生，或者是经原供需双方在合作协议框架内沟通进行。毕竟供需双方采用VMI模式，是基于对采购方需求的比较精准的预测，再者，这些问题也都会在双方合作时通过条款规定清楚。

最后，在采用VMI模式时，供需双方要对彼此具备较深入的了解，以免其中任何一方受到不必要的损失。在展开VMI合作之前，供需双方宜签订明确彼此权利和义务的协议，以保障合作的正常开展。

"猎人模式"与"牧人模式"

长久以来，在采购方对待供应商的关系上，存在"猎人模式"与"牧人模式"。这两种模式有何含义呢？我们不妨从汽车行业说起。

美国有一个著名的"汽车之城"，叫底特律，美国本土的三家最大的汽车生产商：通用、福特和克莱斯勒就从底特律诞生。很长时间内，底特律的兴衰与汽车工业紧密相连，尤其是与通用、福特和克莱斯勒三大汽车厂商的经营状况有关，因为这三大汽车厂商的总部就位于底特律，并吸纳了当地大量的就业人口。2009年，美国克莱斯勒、通用汽车公司提交破产保护，面临清算重组。福特汽车公司虽未提出破产保护，但是在经营方面也遇到了重重阻力，典型表现是，福特汽车先是将捷豹、路虎品牌卖给印度塔塔集团获得23亿美元，又抛售马自达26.8%的股份换取资金支持，接着又把旗下沃尔沃（Volvo）轿车业务和沃尔沃轿车品牌的拥有权卖给了中国吉利汽车公司，说明福特汽车公司一度靠"变卖家产"度日。

通用、福特和克莱斯勒这"底特律三巨头"在经营上的衰落，直接影响了其三巨头总部所在地、以汽车工业为主导产业的底特律的繁荣，底特律甚至在2013年也申请破产保护，成为美国历史上最大的破产城市。

就在美国本土汽车陷入经营困局之时，日本汽车却在美国如"秋风扫落叶"之势所向披靡，很快在美国占有超过了1/3的市场份额。日本丰田汽车更是风头强劲，早在2008年度销量中，丰田就超越美国通用汽车，成为世界销量第一的车企。与此同时，丰田汽车在美国广大家庭中也迅速普及。

在谈到美国汽车三巨头，尤其是通用、克莱斯勒的衰落，以及日本丰田的快速崛起时，或许从不同的角度来看，会存在着不同的原因。我们在此主要从采购的角度，通过两者对供应商关系的处理来看两者的得失。

很长时间里，通用、克莱斯勒等美国车企对供应商奉行"猎人模式"的处理方式。比如，通用汽车设计出一个零部件，向多家供应商询价，从中找到合适的供应商合作；在过去一年半载后，通用汽车要求供应商降价，迫于通用汽车在汽车行业庞大的采购量，供应商只好同意；又过去一年半载，通用汽车又要求供应商降价，就在供应商一而再、再而三地面临这种"降价"压力后，供应商表示"不能再降了，再降要亏本了"，于是通用汽车转身找别的供应商采购，毕竟通用汽车影响力大、品牌响，很多中小供应商以能够与通用汽车这样的"明星企业"合作为荣。然而，原来的供应商可就惨了，他们原来为通用汽车投入巨资建厂搞生产，没想到被通用汽车"甩了"，这些供应商就不得不重新找客户，还得裁员，甚至关闭厂房。

然而，这种事情在通用汽车看来，仿佛与自己无关，毕竟"优胜劣汰"是市场的"准则"，供应商被"淘汰"，只能怪供应商"竞争力弱"。这就好比打猎，见到猎物就一枪放倒，先顾住眼前利益再说，至于猎物怎么繁衍生长，怎么养肥、养大，与自己无关。举例来说，就在克莱斯勒和通用先后申请破产保护时，美国多家汽车部件供应商也宣布破产保护。可见，这种"猎人模式"不仅危害了自己，还损害了整个供应链。

相反，日本车企，尤其是丰田公司，则奉行一种"牧人模式"，在这里，汽车整车厂好比"牧羊人"，供应商好比"羊群"。牧羊人要生活，虽然需要挤奶、剪羊毛，但不会把羊全宰掉，还会想办法让羊成长起来，这样才能挤更多的奶、剪更多的羊毛。以丰田和本田为例，虽然丰田也有严格的目标成本和持续降低成本的指标，但是他们更多的是与供应商协作起来，共同优化生产工艺和产品设计，从而推动更高层次的降低成本。这样一来，丰田和本田这些日本车企还在一定程度上帮助供应商提高了生产经营水平，实现了与供应商的共同成长。据统计，丰田通过帮助供应商优化生产工艺，以及改善自身产品的设计，仅在一款车型上就降低成本30%左右。事实证明，"牧人模式"比"猎人模式"在降低采购成本方面更有效。

当然，"牧人模式"也并非没有缺陷。比如，采用"牧人模式"的供应商关系，无形中"优待"了已有的供应商，不利于新的供应商的进入，从而影响了整个供应链的活力和竞争力等。

总的来说，企业在处理与供应商的关系时，应该抱着双赢的态度，适当关注对方的经营与发展状况，同时要突破封闭性，在竞争与合作中寻找平衡点。

关于供应商的集成管理

在对供应商的管理中,我们通常将供应商集成作为供应商管理的最高层次,这主要是把供应商集成到我们的供应链里,将供应商作为企业的有机延伸。当然,要做到这一步的前提,是要选对供应商,找到最适合的供应商,企业决不能在供应商的选择问题上不重视,却寄希望于后续对供应商进行"开发"来提高其供应水平。

可以想见,一个供应商,往往本身就是一个拥有不少员工的企业,如果这些供应商连内部管理都搞不好,采购方又怎能作为"局外人"去做好对供应商的管理。再者,任何采购方都不会有足够的资源去"提高"所有供应商的管理水平。因此,供应商的管理水平、服务能力,最终还是要靠其自身来提高。为此,采购方要在寻找供应商方面付出足够大的精力,以找到最适合的供应商。如果采购方付出最大的努力仍未找到最适合的供应商,那就只能退而求其次,选择比较适合的供应商去磨合与持续开发。

一般来说,企业对供应商的集成管理,在不同阶段会有不同的表现。在产品设计阶段,正如我们前面所说,企业可以邀请供应商适当介入。因为在当今生产外包盛行的情况下,尽管产品设计由采购方负责,但在生产环节却往往离不开供应商的参与,如果供需双方在产品设计阶段沟通不足或不畅,就会影响后续的生产。

我们不妨以建筑行业为例,该行业的传统做法是先设计,再采购,最后施工。待到建筑企业的项目设计完毕，却发现材料供应商的报价普遍比预期的高。原来，采购方在进行项目设计时，未考虑到供应商现有的材料类型，以至于设计出的项目所需的材料与市场上供应商的产品不匹配。由于建筑企业的设计方案又已定型，这时就在设计和采购两个环节产生了矛盾，建筑企业最后往往为此多付出了不必要的成本。

实际上，设计阶段对后期的工程造价影响最大。为此，采购方在设计阶段就可以适当将战略供应商纳入项目中来，从而缓解、规避设计同采购环节之间的矛盾。此外，在那些越是复杂和技术含量越高的行业里，供应商早期介入就越显得重要。我们再以飞机制造业为例，一款飞机从研发到量产动辄上十年，投资更是达百亿美元，采购方更是需要和供应商密切合作，以尽可能减少失误。

同时，采购方在处理供应商早期介入的问题时，要理性地对待供应商合理地赚取利润的权利，不能看到供应商赚自己的钱就"心疼"，采购方更要从整体看待与供应商合作的利弊。再者，供应商在原料生产方面通常拥有良好的生产工艺，这也是产品设计需要汲取的宝贵知识，从而进一步优化产品设计。

采购方在生产阶段，对供应商的集成主要是通过JIT、VMI等方式把供应商与企业的生产系统对接起来。其中，JIT的全称是Just In Time，译为"准时制生产方式"，又称作"零库存"，是日本丰田汽车公司在20世纪60年代实行的一种生产方式，该方式成为丰田在世界汽车业制胜的一大法宝。

JIT生产方式的基本思想是"只在需要的时候，按需要的量，生产所需的产品"，从而追求一种无库存，或库存达到最小的生产系统。可以说，JIT的基本思想是生产的计划和控制，以及对库存的管理。因此，JIT生产模式又被称为"精益生产"。

实际上，丰田公司要实现"精益生产"，肯定离不开与供应商之间的密切沟通，从而达到自己需要多少原材料，供应商就生产多少、提供多少，尽可能减少不必要的浪费的目的。为此，丰田公司的供应商大多分布在丰田整车厂不远的地方，以加快对丰田需求的供应速度。

另外，关于VMI，我们在前面已经详细介绍过，此处不再赘述，读者请参考本书前面关于VMI的内容。

最后，在对供应商的集成管理中，企业往往会选择供应商分类中的关键供应商，主要是战略型供应商，毕竟任何企业的资源都是有限的，不可能与所有的供应商都进行深度合作。为此，企业尤其要选择关键的供应商进行深度集成与合作。

第四章　采购谈判与价格控制

我国史学经典著作《战国策·东周》中说:"三寸之舌,强于百万雄兵;一人之辩,重于九鼎之宝。"后来,这常被形容一个人的口才好,意味着一个人仅凭三寸长的舌头,就可以胜过百万雄兵;一个人辩论的力量,可以比宝物九鼎(夏禹划分天下为九州,铸造九鼎,以一鼎象征一州,九鼎象征九州)还要有分量。实际上,一个人口才好,主要是指其谈判能力强,所说的话有理有据有节,从而达到谈判的预期目的。在采购工作中,具备一定的谈判能力,可谓是采购工作的必需。

在采购谈判中,通常会与价格问题有着密不可分的关系。通过谈判,采购人员能在价格方面获得一定的主动性,从而更好地实现对价格的控制。

三句话告诉你什么是谈判

关于"谈判"的书面理解,是指"有关方面就共同关心的问题互相磋商,交换意见,寻求解决的途径和达成协议的过程"。在日常生活中,其实每个人都难免与别人"谈判",比如你去逛商场,看上了一件衣服,可是觉得价格有些贵,这时要想办法说服销售人员,让对方接受自己的心理价位,就需要用到谈判。

对于采购人员而言,在工作中不可避免地要与各类供应商打交道,供应商普遍希望"贵卖",采购方普遍希望"贱买",供需双方之间交锋,少不了唇枪舌战的谈判。作为采购人员,我们对谈判是否有深刻的理解,从而"看透",晋升为一个谈判高手?在这里,我们用3句话来描述谈判究竟是怎么回事。

1. 谈判是信息战

《三国演义》里讲了一个诸葛亮"舌战群儒"的故事,从某种程度来说,这既是诸葛亮与东吴群臣之间的辩论,也是一场谈判,最终将东吴群臣说得理屈词穷,说得东吴"老板"孙权同意诸葛亮"联合抗曹"的主张,为日后"三足鼎立"打下了基础。实际上,很多时候,谈判的结果会对谈判双方产生重要的影响。

《孙子兵法》中说"知己知彼,百战不殆",其中,"知己知彼"就反映出了信息收集的重要性。我们不妨再看诸葛亮的"舌战群儒",如果诸葛亮事先没有掌握足够的信息,又怎能将东吴群臣说得无言以对,又怎能令孙权认可和接受诸葛亮的主张呢?可见,诸葛亮当初在出使东吴时,是在信息收集方面下了很大功夫的。

那么,采购人员在与供应商谈判时,双方同样以各自掌握的信息影响着各自谈判的内容。对于采购人员来说,在谈判之前要尽量多地收集和了解供应商的信息,同时尽量少地暴露不利于自己谈判的信息。比如,如果供应商提前知道了采购人员的"底价",无异于知道了采购人员的"底牌",就不利于采购人员在谈判中的主动性。

另外,谈判的过程也是一个信息交换的过程,采购人员要通过供应商所说的话,弄清楚供应商谈判的动机,从而有效把握谈判的方向。

2. 谈判是心理战

在日常交易的谈判中,谈判双方往往都会有一个心理价位,彼此都希望说服对方接受自己的心理价位,为此,双方就要想方设法证明自己心理价位的合理性。可见,谈判的过程,往往也是谈判双方心理博弈的过程。此外,很多商品的定价,也考虑到了消费者的心理因素,悄悄地与买家进行着心理战。比如,有些商品会标价3.99元、5.99元,却不标4元、6元,其实两者相应只差1分钱,卖家为什么不标个整数呢?这是因为,在四舍五入方面,5以上的数,会让人不自觉地跟较大的整数比较,5以下的数,会让人不自觉地跟较小的整数比较。比如,3.99元、5.99元,会让人分别觉得还不到4元和6元;如果是3.29元、5.29元,就会让买家觉得分别比3元和5元多些。

另外,采购人员在与供应商谈判价格时,要把金额精确到小数点后若干位,以显示自己是经过一番"认真核算"的,要不怎会"有零有整"?采购人员切忌以整数的价格与供应商"讨价还价"。再者,谈判中,还要忌讳等距离降价或升价,比如,每次都升或降1万元,会让对方觉得像"切香肠"一样,还可以再升或降。比较恰当的方式是,先大幅度降或升一些,然后不断减小幅度,给对方感觉是自己已经到了能接受的"底线",从而达到谈判目的。

3. 谈判是力量战

其实,谈判除了是一场心理战,还是一场力量战,彼此要亮出自己响当当的筹码,而且这个筹码要让对方感到足够的分量。比如,如果采购方企业在业内知名度很响,影响力很大,采购人员就可以告知供应商,如果能够进入本公司的供货商行列,有利于打响供应商的品牌,相当于为供应商做了扩大知名度的广告。一般来说,这对一个尚无什么知名度的中小型供应商会很有诱惑力。此外,采购人员也可以说,本公司发展速度很快,需要的原料越来越多,这次价格公道、合作顺利,后期会加大采购额等,这也会对供应商形成很大的吸引力。总之,在谈判中,采购人员要发掘出有力量的筹码。

总的来说,我们在对谈判有了较深刻的了解后,在采购工作中要用心揣摩运用,从而提升自己的谈判能力。

谈判的理想境界是双赢

尽管任何谈判双方无不表示要实现双赢,但在实际生活中,很多人还是认为谈判是一场"非赢即输"的较量,所以谈判双方往往彼此想着自己的利益,坚信"走别人的路,让别人无路可走"。其实,这种认识和做法都是进入了一个误区。

孔子曾经说:"己所不欲,勿施于人。"也就是说,自己不想要的结果,就不要强加于别人。在谈判中,相信没有一个人愿意主动接受对自己不利的条款,或者是一时被对方"蒙骗"签了对自己不利的条款,从而使得谈判之后出现了"赢家"和"输家"。一般来说,即使谈判中的一方被迫吃了亏,那么吃亏的一方往往会想着日后"以牙还牙",倘若如此,"冤冤相报"何时了?同时,这也会将谈判引入一个类似"这次你坑我,下次我坑你"的恶性循环。

因此,我们呼吁谈判要实现双赢,绝非是讲大道理,而是谈判的内在需要。一般来说,在谈判之前,双方有着各自不同的利益诉求,如何让两种利益诉求和谐地对接起来?这就要靠谈判中的努力,双方既要想着自己的利益诉求,也要想着对方的利益诉求,彼此不断修正,从而实现良好对接。

或许有人会说,谈判中,卖家要价1万元,买家只想付8 000元,各不相让,如何才能协调好?其实,我们可以把焦点适当偏离现有的价格,寻找其他可以协调的点。比如,运费谁出,不同规格间的产品性能上有什么差别,是现款还是分期支付,是否还有再次交易的可能,是否可以帮自己做个广告宣传,售后服务怎样等。一般来说,在交易中,除了价格是一个成本因素,交易双方还可以找到其他成本因素,通过对这些因素进行协调与整合,往往可以找到彼此都可以接受的方案,从而避免"霸王硬上弓"似的降价或"当仁不让"。

实际上,在现实中,很多走向失败的谈判,往往都是没能做到双赢。可以说,只有双赢的谈判,才是一场真正的谈判,一场彼此都想要的谈判,那些"有输有赢"或者"尔虞我诈"的谈判,即便"赢"了,必然难以持久合作。

那么,我们在谈判中如何才能实现双赢呢?

1. 换位思考,相互体谅

一般来说,谈判双方无不希望实现自己利益的最大化,即便如此,谈判双方还是切忌漫天要价、索取无度或胡乱杀价,彼此要将心比心、互相体谅,要让自己的利益诉求尽可能处于对方可以接受的范围内,只有这样,谈判双方才会发自内心地对待这场谈判。

实际上,在谈判中,我们主动替对方着想,了解对方的需求,这将有利于让对方做出决策。在此基础上,假如我们觉得对方提出的解决方案合法又得当,对彼此也都公平,就说明谈判基本获得了成功,具有了可落地执行的条件。

2. 情绪适当,营造融洽的谈判气氛

在谈判中,彼此表现出的情绪会影响对方的心理和行为,所以,谈判时,双方要保持适当的情绪,积极营造融洽的谈判气氛。这往往在双方处于利益冲突点的时候,会显得越发重要。谈判双方切忌让谈判变得充满火药味,更不能在谈判桌上大吵大闹,否则只会导致争执愈演愈烈,甚至把谈判搞砸。

3. 准备替代方案

一般来说，尽管我们对双赢谈判充满了美好的向往，但是在谈判过程中还是会存在一些难以预测的情况。比如，谈判双方之间实在找不到利益调和的结合点，或者双方对各自的主张争持不下。为此，采购人员要提前备好替代方案，或者通过彼此协商换个方法合作，或者待到以后时机成熟时再合作等。

4. "话是开心锁"，增进沟通

在通常情况下，谈判的过程，也就是双方运用各种语言进行交流、沟通的过程。由于谈判各方的文化素养、人生阅历等不尽相同，谈判中就难免会产生一些误解和干扰，从而造成沟通上的障碍。对此，谈判各方要增进沟通，了解彼此的分歧所在，从而有利于双赢谈判的实现。

总之，任何成功的谈判，其结果必然是双赢的。因此采购人员在谈判中要树立双赢的意识。

谈判中如何布局与开局

在实际工作中,要想做好一场谈判,仅靠美好的期望还不够,通常还需要做好充分的准备,只有这样,我们才能更好地梳理出对方所出的招儿,这叫"识局",也才能分析我们的应对措施,这叫"布局",从而使我们对整场谈判运筹帷幄。

一般来说,任何谈判者在进行布局时,都会少不了这样几个因素,同时也都在围绕这几个因素进行布局,它们分别是:谈判议题是什么,谈判的参与者都有谁,有哪些谈判筹码,营造什么样的谈判环境。

可以说,上述四个因素是谈判中的任何一方都要考虑的问题。对此,采购人在谈判前不妨列出一个表格,并填充相应的内容,从而为谈判理清思路。具体内容如下表所示:

表4-1 谈判布局因素

序号	布局因素	备注	
1	谈判议题	对方:	
		我方:	
2	谈判的参与者	对方:	
		我方:	
3	谈判筹码	对方:	
		我方:	
4	谈判环境	对方:	
		我方:	

在上表中，采购人员既要分析供应商方可能采取的措施，也要分析己方采取的应对措施，这样，才能进一步贯彻"知己知彼，百战不殆"的谈判原则。

任何谈判都会有个议题，也就是"谈什么"的问题。其实，有了"谈什么"，随之也就有了"不谈什么"，以及"先谈什么，后谈什么"，使得采购人员对谈判议题有足够的掌控力。在实际工作中，一些正式的谈判，大多有书面函件，双方会在函件中表明要谈判的议题。此外，一些非正式谈判，往往注重现场发挥，通常没有现成的书面函件。为此，采购人员要提前想好谈判议题，以免到了现场时不知道该"谈什么"，或者稀里糊涂地乱了套。另外，即便谈判双方提前规定了议题，往往双方也会有些关注点没有一一写明，可能想在谈判中来个"突然袭击"，对此，采购人员要尽可能把上表中"谈判议题"中的内容填充完整，提前对谈判做到心中有数。

关于谈判的参与者，采购人员不仅要知道谈判双方人员的构成，还要想清楚采购活动中的潜在参与者。比如，在采购谈判中，可能会涉及产品的有关技术问题，这种情况下，采购人员就要提前安排好需要列席谈判的技术人员，以免谈判现场由于对接人员不足，从而使得谈判无法正常进行。

关于谈判筹码，我们在前面已经做过讲解，主要是指采购人员既要总结自身具备的突出优势和竞争力，还要了解供应商的谈判筹码，比如经过ISO9000质量管理体系认证、机器设备先进等，以有利于对双方资源的整合。

关于谈判环境，主要是在谈判双方之间营造一个合适的主客观环境，从而有利于谈判活动的开展。举例来说，选择一个谈判双方都可以接受的谈判场所与时间，这将有利于营造良好的谈判氛围。再者，如果谈判中涉及不同的语言（如汉语、英语、日语等），谈判双方应该确定选择何种语言为正式的谈判语言，并做好翻译准备。

当采购人员为一场谈判精心布好"局"后，接下来，在谈判中应该以什么样的方式"开局"呢？俗话说"好的开始是成功的一半"，选择合适的开局方式，对一场成功的谈判也是有利的。在这里，我们提四种开局方式供参考。

第一种是坦诚式开局。任何谈判活动中都会有主持者，作为主持者或被主持者指定先发言的谈判一方，可以用开诚布公的方式向谈判对手陈述自己的观点或意愿，以尽快打开谈判局面。这通常适用于有过长期合作经历的供应商，有了一定的合作基础，彼此有了一定程度的信任。

第二种是进攻式开局。这主要是指谈判者一开始就表明自己的优势，从而引起谈判对手的重视，或者向谈判对手施加一定的心理压力。一般来说，这种方式明显有些采用"诡诈"之术或显得不沉稳，尽量少用。假如采购人员在谈判中遇到供应商这样"发飙"，不妨试着采取一些刺激性的做法，"逼"着对方回归"正常"，比如我们可以反问："你们还想不想合作了？"

第三种是谨慎式开局。也就是说，开局者以严谨、凝重的语言拉开谈判序幕，在这种情况下，谈判的另一方切忌轻浮，一定要讲究礼貌，同样持严谨、慎重的态度，从而与对方在同一思维"频道"上进行沟通。

第四种是协商式开局。这往往适用于谈判双方地位相当，或者是第一次商务接触，因此，开局者往往以礼节性言辞开启谈判序幕。这种情况下的谈判，双方要注重语言友好而礼貌，向彼此传递良好的修养素质。

总之，采购人员如果掌握了谈判布局和开局的要点，往往就可以应对实际工作中的很多谈判场合。另外，"人无礼，无以立"，这说明采购人员还要懂得一些必要的商务礼仪，这样才能让自己在谈判中进一步游刃有余，我们接下来看商务谈判。

不可不知的商务谈判礼仪

中华民族自古崇尚礼仪,先贤孔子更是提出过"以礼治国"的主张,这说明礼仪在我们的生活及工作中起着非常重要的作用。从某种程度上来说,礼仪是人们之间友好交往的一个保障。

采购人员经常出入与供应商的各种谈判场合,与供应商交往比较频繁,更是需要明礼守礼,这样不仅有利于谈判的开展,还有利于展示企业良好的形象。

具体来说,在商务谈判中,礼仪可以起到这样几个积极的作用:

1. 帮助谈判人员塑造良好的形象

一般情况下,在商务谈判中,一方往往通过对方的仪容仪表、言谈举止来判断对方及其所在的企业,从而确定对方及其所代表的企业的可信度,以决定是否与对方合作。可见,谈判人员在采购等商务活动中如果能表现得彬彬有礼、言谈得体,会给对方留下良好而深刻的印象,从而有利于减少谈判阻力。

2. 有助于创造良好的谈判环境

通常情况下,人与人在交往中,一方没有礼貌的举动时常会激怒对方,或引起对方的不快,从而影响交流气氛。在采购谈判中,谈判者无礼的言行同样会破坏交谈环境，不利于谈判的进行。所以，谈判环境是否良好，与礼仪是否到位有着重要关系。

3. 有利于沟通交流的顺利进行

其实，谈判本身就是沟通与交流，谈判中恪守礼仪，会使彼此的交流可以顺利地开展。假如其中有一方粗俗不堪，或者不讲礼仪，另一方觉得"躲都躲不及"，又怎能良好沟通呢？所以，遵循商务礼仪有助于彼此更好地沟通。

在实际工作中，商务谈判礼仪包含的内容很广，细节也非常多，但究其根本，商务谈判礼仪中最基本的理念是以尊重为本，善于表达，而且形式规范。我们接下来以常见的礼仪为例，了解一下日常工作中应知必会的商务谈判礼仪。

1. 服饰礼仪

关于服饰礼仪，总的要求是朴素大方和整洁，不要求服装多么华丽，但一定要给人舒适、稳重和有活力的感觉。

2. 谈吐礼仪

由于谈判主要是交谈的过程，所以熟练掌握言谈得体的礼仪非常重要。在运用中，要多带敬称，如"您"，而要避免突兀的"你"；多用商量性的口吻，如"您看这样好吗"，尽量少用命令性的口吻，如"你必须接受这个条件"等。

3. 迎送礼仪

一般来说，作为主持谈判会议的东道主，难免要对谈判中的其他方迎来送往，这也是商务谈判中的一项基本礼仪。对此，东道主要确定好迎送的规格，把握适当的度。若迎送规格过高，会让对方受宠若惊，甚至以为东道主有非分之想；若迎送规格过低，则让对方觉得不受重视。具体规格尺度，负责迎送的一方要做好规划。

4. 见面礼仪

商务谈判中，双方见面后难免会有一番礼仪客套，主要表现为问好、握手、递名片、自我介绍等。正常情况下，在彼此距离一步之遥时，东道主应以问好与握手表示欢迎，接着双手递上名片进行自我介绍；另一方在收到名片后，应看一遍名片中的内容，如姓名、职务等，以表示尊重，然后慎重地将名片放进皮夹或名片夹中，切忌手里捏着名片随意把玩，这会让对方觉得是种很无礼的行为。

5. 会谈礼仪

具体来说，东道主要确定谈判所在会议室的温度适宜，谈判中的主次位置安排妥当；会谈中注重礼仪；在需要拍照留念时，也要按主宾次序进行合理安排。

6. 签约礼仪

一般来说，由于各国风俗不同，签约仪式也会有所不同。我国一般在签字厅内设置一张长方桌，作为签字桌；签字厅与签字桌的布置，总的原则是庄重、整洁、清净。

在正式的签字仪式中，以我国为例，双方参加签字仪式的人员进入签字厅，当签字人员入座时，其他人员则分主宾、按身份的顺序排列于各方签字人员的身后。主签人在签完己方保存的文本后，由助签人员互相传递文本到签字的对方，再在对方保存的文本上签字。然后，双方签字人员交换文本，相互握手；有时在签字后，双方签字人员还会各举一杯香槟酒，以示祝贺。

7. 其他礼仪细节

商务谈判中还有宴请礼仪、馈赠礼仪等，谈判人员要根据身份与场合得体把握。

最后，商务谈判礼仪是一门很大的学问，采购人员平时要多学习，以确保规范且熟练地运用。

如何组建谈判团队

在很多情况下,采购谈判是由一个团队来进行的。的确,对于一些大宗货物的采购,由于对企业成本有着非常重要的影响,企业往往会派出一个谈判团队,并在团队中做好分工,从而更好地实现谈判目标。

那么,企业应该如何组建起一支有力的采购谈判团队呢?

首先,我们来看谈判团队组建的原则。这分为两种情况,一是根据谈判对手的具体情况组建谈判团队,也就是说,在对谈判对手的情况有了基本了解后,我们可以依据谈判对手的特点来配备谈判人员。一般来说,我方的谈判团队的规格应与谈判对手相当,比如,谈判对手团队中有一位副总,我方也宜在谈判团队中安排一位副总参与。二是根据谈判的重要性和难易程度来组建谈判团队。我们在确定谈判团队的阵容时,要认真考虑谈判的重要性、难易程度等因素,并以此来决定派选的人员和人数。

其次,在谈判人员的素质要求方面,我们要对谈判团队中的成员素质进行考察,主要有:思想素质,即谈判人员务必遵纪守法,廉洁奉公,努力维护本企业的正当利益,有着积极进取的事业心;文化素质,即谈判人员要有较好的文化素养和表达能力,能够清晰、准确地表明自己的意思,并具备一定的说服力,同时,谈判人员要向外界展示企业整体的良好形象;业务素质,即谈判人员要有丰富而扎实的专业知识、产品知识,具有比较丰富的谈判经验,能在谈判过程中应对突发情况,并且熟悉相关法律和法规;心理素质,即谈判人员要有较强的自控力和适应性,既要坚持原则,还要懂得随机应变,善于同不同的谈判对手交往。

再次,在谈判人员的配备方面,要根据谈判的需要,满足谈判中对于多学科、多专业的知识性需求,取得知识结构上的互补优势;同时,还要群策群力,集思广益,形成集体智慧,从而圆满地完成谈判任务。一般来说,企业在配备谈判人员时,应尽量选择综合素质较好的"全能型专家"人才,以提高谈判效率。

最后,在谈判团队中务必做好分工与合作。实际上,"团队"之所以不同于"群体",一个重要的区别就是团队具有明确的分工与合作。谈判团队中,每个成员都担当着不同的角色,包括谁是主谈,谁是辅谈等;谈判团队中的各个角色要提前规定好,各个成员应该怎样配合也要规定好,从而为谈判现场的良好合作打下基础。

举个例子来说,曾经有一家企业派出一支采购谈判团队与供应商谈判。由于需要了解采购物品的质量与性能等参数,因此采购谈判团队中既有采购人员,也有技术人员。然而,采购人员和技术人员在谈判前未进行充分的沟通,包括在谈判中的配合事宜。

结果,就在采购人员好不容易砍价到一定程度时,不料技术人员却着急了,便当面埋怨采购人员:"像你这样砍价,万一影响产品质量怎么办?"然后,技术人员又转向供应商说:"要是他再砍价,你们就别卖给他!"

当供应商在采购人员"砍价"的凌厉攻势下,就要做出降价决定时,不料采购阵营内部"分裂",于是供应商做出一脸无奈的样子,说:"我们真的降到底了,正像您这里的技术人员所说,再降价,就是质量规格低一些的产品了,恐怕你们的生产部门也不会接受。"结果,采购人员当场被噎住,价格未降到预期的程度,还把"内部不和"的"家丑"外扬到了供应商那里。出现这种情况,一个重要的原因就是采购谈判团队在角色分工与合作上沟通不足，以及选人上有欠缺，才导致了采购谈判团队未能"并力作战"的结果。

总之，在很多情况下，谈判的成功，取决于集体智慧的努力，所以，我们一定要组建好一支优秀的采购谈判团队。

谈判高手的"六脉神剑"

在著名武侠小说家金庸的一部小说《天龙八部》里,云南大理段氏的"六脉神剑"是一套出神入化的剑法,在"武林"中可谓赫赫有名。其实,对于一位谈判高手来说,往往具有六大绝技,如果一个人能够掌握这六大绝技,那么其谈判技能就会有明显提升,就像学会了"六脉神剑"的剑法一样,让自己在谈判中进退自如。我们接下来讲讲谈判高手的六大绝技。

1. 放松,不要着急

在实际工作中,我们会发现,你越是心里紧张,越是难以办好一件事;相反,当你放松时,却发现能够较好地完成任务。在谈判中,同样急不得,采购人员要学会放松心情,不要一上来就急着把事情谈好,这就像日常做饭,总得有个预热、加热的过程。另外,谈判人员尽量不要有时间压力,而是要寻找时机。在商务谈判中,有时一方没有获得预期的条款,一个重要原因就是感觉谈判时间太"长",失去了耐心,于是匆匆了事。这是谈判高手的大忌。

2. 所提的要求要高于预期目标

有些人在谈判时,一下子就把价位"砍"到自己预期的程度,殊不知,这样做,往往很难在这个价位上成交。我们通常说"做生意哪能把价定得这么死",那么反过来,采购者一下子说出自己的预期价位,假如供应商声称这个价位"亏本",这样,采购者把价格往上再提一些也是情理之中。这就是我们为什么说采购者一开始说出的价位很难谈妥的重要原因。

那么,采购者应该提出什么样的价位呢?在这里,我们要学习谈判高手的做法,要不惜"狮子大张口",提出的价位一定要比你的预期价位更低,只有这样,你才能有更大的谈判空间。

3. 别显露出你很在乎

在采购中,即便采购人员一眼就能看出供应商的货不错,也让自己"怦然心动"了,但一定不要表现出来,要显示出你已经看过很多类似的货,对方的货"不过如此"。这样,供应商出于同行竞争的本能压力,会做出一些妥协。一般来说,采购者越是表现出在乎供应商的产品,越会让供应商觉得奇货可居,反倒不利于采购者争取到好的交易条款。

4. 不要马上接受对方的条件

在谈判中有一个规则,那就是无论对方提出的起始条件有多好,你都不要接受,而是要争取更好的条件,即使最后争取不到,也要显得自己"无能为力""尽力而为"了,最后"不得不"接受了对方给出的条件,要让对方有一种"赢"的感觉。一般来说,谈判一定要从头谈到尾,这样取得的成果才会实实在在,过于轻松得来的成果往往会存在一定问题。

5. 让自己有别的选择

俗话说"货比三家",也就是说,即便我们不和其中一个卖家做生意,还有两家待选,这样,就可以让自己有别的选择。采购中同样如此,如果采购员只是"靠定"了一家供应商,会让供应商觉得有恃无恐,不利于采购人员在谈判中占据主动地位;假如采购人员还有几个待选的供应商,这时,供应商之间出于市场竞争,就会争取给采购人员提供更好的条款,从而有利于采购人员在谈判中占据主动地位。

6. 让步时要不甘愿

采购人员在与供应商谈判时,为了合作的需要,有时可能要做出一些让步,这时,采购人员要传递给供应商很不甘愿让步的信号,这样,采购人员在做出一次让步后,供应商考虑到采购人员的感受,以及双方的合作,往往不便于再提出让采购人员让步的条件。当然,供应商的谈判人员往往也是久经沙场,对此,采购人员一定不能让供应商一眼就看出破绽。因此,采购人员要想成为一个谈判高手,就要锻炼自己对情绪的控制能力。

总之,我们要想成为一名真正的谈判高手,就需要把上述所讲的谈判绝招都练得融会贯通,信手拈来,而不是每逢谈判场合,就在心里盘算着"应该出哪招儿"。当采购人员最终练成"化有形于无形",做到应付自如时,就成长为一个真正的谈判高手了。

透视供应商的成本

在实际工作中，不同的供应商，其成本结构在具体表现上也会有所不同。但是就一个普遍意义上的企业而言，其成本结构也是存在"共性"的。根据通用会计准则分类，企业的成本结构包括六个方面，我们平时看到的供应商的报价，通常就是基于这样的成本核算出来的。因此，我们要认识供应商的报价，就需要知道供应商报价的成本是如何构成的。现在将企业成本结构中的六个方面介绍如下：

1. 直接材料

直接材料是指构成产品实体的材料，也就是在产品上能够直接看见的材料。与直接材料相对应的是间接材料，指在生产过程中没有直接变成产品，但也是生产过程中必需的材料，如工作服、生产车间里的办公用品等。举例来说，有一个标准件供应商，这些标准件产品有螺丝钉、螺丝帽等。其中，螺丝钉、螺丝帽等标准件本身由钢铁等金属构成，类似于钢铁这样的金属就是直接材料；工人在生产标准件的过程中需要穿戴劳保服装，这些劳保服装就是间接材料。

2. 直接人工

直接人工是指生产一线上直接生产产品的员工，他们的工作量和生产产量直接相关。与直接人工相对应的是间接人工,他们也在生产一线工作,但不是生产一线的工人,如生产车间里的叉车员、统计核算员、仓储管理员等。

3. 制造费用

制造费用是指生产过程中除了直接材料和直接人工之外发生的其他所有费用。其中,制造费用的第一项是折旧,比如,厂房和机器设备会折旧,如果厂房是租来的还要付租金,这些费用都会分摊到产品上去;第二项是能源费用,现在的生产一般都是机器化生产,只要设备一启动,就会耗费能源,产生相应的费用;第三项和第四项费用就是前面说的间接材料和间接人工。

4. 财务费用

财务费用是指企业因运作资金而发生的成本。这主要包括三项:一是企业在贷款时产生的利息;二是企业在各种金融机构办理业务时支付的手续费;三是若产品涉及进出口,就存在人民币与外币之间的兑换,企业会因为汇率的变化而存在一定的损益,既可能是损失,也可能是收益。

5. 销售费用

销售费用是销售环节产生的费用。比如,销售环节需要雇用销售人员,这就包括了销售人员的工资以及差旅费、招待费等;企业还难免做些营销活动,如广告、促销等,做这些活动所需的费用也都算作销售费用;另外,货物的转移,还会产生一定的物流费用,这也算作销售费用。

6. 管理费用

一般来说,除上面五项以外的费用,基本上都可以归入管理费用。

通常情况下,直接材料、直接人工和制造费用共同构成制造成本,也就是生产制造过程中产生的成本,该成本有时还称作"销售成本",即已经销售出去的产品的成本;而"财务费用""销售费用"和"管理费用"又可以统称为"销售及一般管理费用"。

上述六项成本基本上是任何企业的成本构成基础。尽管如此，行业不同的企业，其成本结构在具体表现及描述上也会存在一些区别。我们在此以制造业、销售业（如贸易型）和服务业（如技术服务、劳务服务型）为例，大致看下这三个行业中企业的成本结构：

表4-2 不同行业的成本结构

行业	成本结构
制造业	制造成本（材料费+人工费+期间费用）+销售费用+一般管理费
销售业	采购成本（采购价格+运费+人工费）+销售费用+一般管理费
服务业	销售费用+一般管理费（人工费+期间费用）

总之，俗话说"万变不离其宗"，我们在工作中看到的供应商形形色色的报价，一般都是基于上述成本项目来报的。在了解供应商的成本构成后，我们对供应商的报价就有了比较深的认知。

供应商报价背后的那点事

我们在知道了供应商的经营成本后,那么,供应商的报价是不是经营成本与盈利的简单相加呢?其实也不尽然。一般来说,给产品定价也是一门学问。在市场经济中,企业是价格的决策主体,采用不同的价格策略,会对企业经营产生重要的影响。我们可以分别从成本导向、竞争导向和顾客导向的视角来了解相应的定价方法,从而了解供应商报价的主要方法。

1. 成本导向定价法

该定价法以产品单位成本为基本依据,再加上预期利润来确定产品价格,是当前国内外企业最常用、最基本的定价方法。该方法又衍生出了几种方法,我们来看其中常见的四种方法:

(1)总成本加成定价法。这是指把生产某产品的过程中产生的所有耗费均计入成本的范围,计算单位产品的变动成本,合理分摊相应的固定成本,再按一定的加价比率来决定价格。其中,变动成本是指在一定范围内,随着业务量的变动而呈线性变化的成本,比如,直接人工、直接材料就是典型的变动成本。该定价法的计算公式是:

$$单位产品价格=单位产品总成本\times(1+加价比率)$$

举例来说,某产品单位成本90元,加价20%,那么企业报出的价格=90×(1+20%)=108元。

（2）边际成本定价法。边际成本是指每增加或减少单位产品所引起的总成本变化量。在实际工作中，由于边际成本与变动成本比较接近，因此常用变动成本替代边际成本。

采用边际成本定价法主要是以单位产品的变动成本作为定价依据，以及可以接受价格的最低界限。该定价法改变了售价低于总成本就拒绝交易的传统做法，有利于更好地应对竞争，开拓新市场，而且往往具备一定的价格优势，比较适合进行产品组合出售，即组合中的商品有些赚钱，有些不赚钱。

一般来说，采用该方法需慎重，要讲究策略，若使用不当，有可能被当作"倾销"和"不正当价格竞争"。

（3）目标收益定价法。该定价法又称为投资收益率定价法，是根据企业的投资总额、预期销量和投资回收期等因素来确定价格。采用该定价法时，首先要确定目标收益率，它又可具体表现为投资收益率、成本利润率、销售利润率、资金利润率等多种不同方式；其次，要确定产品的目标利润额；最后是计算产品的价格。

其中，产品目标利润额和产品价格的计算公式分别如下：

$$产品目标利润额 = 总投资额 \times 目标收益率 \div 预期销量$$

最后，是计算产品价格：

$$产品价格 = 企业固定成本 \div 预期销量 + 变动成本 + 产品目标利润额$$

一般来说，目标收益定价法主要从保证生产者的利益角度出发来制定价格，几乎未考虑到市场竞争和需求的实际因素，在实际工作中，经常要与其他定价方法一起综合使用。

（4）盈亏平衡定价法。这是指在销量既定的条件下，产品价格必须达到一定水平才能做到盈亏平衡、收支相抵。其中，既定的销量就是盈亏平衡点，也就是说，高于盈亏平衡点，企业就盈利；低于盈亏平衡点，企业就亏损。那么，盈亏平衡点的价格是多少呢？请看下面的计算公式：

$$盈亏平衡点价格 = 固定总成本 \div 销量 + 单位变动成本$$

在实际工作中，企业通常不会以盈亏平衡点价格作为售价，只能将盈亏平衡点价格作为价格的最低限度，然后再加上单位产品目标利润，才得出最终的市场价格。否则，企业好比付出100元成本，又收回100元收入，中间没有利润，企业经营者往往也不会干。

2. 竞争导向定价法

该定价法是指企业通过研究竞争对手的生产条件、服务状况、价格水平等因素，依据自身的竞争实力、参考成本和供求状况来确定商品价格。在这种定价方法中，企业充分参考了市场上竞争对手的因素。该定价法在具体运用方面，有随行就市定价法，也就是将本企业的某产品价格保持在市场平均价格水平，以获得市场上比较均衡的利润；还有产品差别定价法，也就是强调自己产品的与众不同，从而选择高于或低于竞争对手的产品价格。此外，在一些招标采购活动中，一些竞标者还会采取密封投标定价法，根据自身的成本，分析竞争对手的实力和可能报价，采取密封价格的方法进行报价。

3. 顾客导向定价法

这主要是根据市场的需求状况和消费者对产品的感觉差异来确定价格，该定价法还称为"市场导向定价法"。若采用该定价法，企业就要获得顾客对有关商品价值理解情况的准确资料，洞悉产品对顾客特定需求的满足状况以及顾客的消费承受能力。在日常生活中，我们有时见到买卖双方对产品价格争持不下时，卖家干脆说"您看到底能给到什么价位吧"，这在某种程度上来说就是利用了顾客导向定价法。

总之，我们懂得了供应商报价的常见方法，那么，当我们与供应商谈到价格问题，尤其是确定合适的采购价格时，就能在价格谈判中更具主动性，从而在保障供应商合理利润的情况下，让企业采购到物美价廉的商品。

巧辨供应商报价中的水分

尽管我们知道了价格的成本结构以及供应商常见的定价方式，然而，在实际工作中，供应商在报价中掺入一些"水分"往往是难以避免的。所谓供应商报价中的"水分"，主要是指供应商在进行成本分摊时，令采购者承担了本不应承担的费用。那么，供应商通常会怎样在报价中掺入水分呢？我们擦亮眼睛一一来看。

1. 材料费中的"水分"

一般情况下，一个供应商往往要面对多个采购者，而供应商在生产制造中，不可避免地会存在一定的生产损耗（如机器设备折旧）和废品率，对此，供应商又不便于让某个具体的采购方承担自己生产中的损耗和废品，所以，采购方看到的供应商的材料费用，与供应商内部看到的材料费用一般是不同的。比如，在供应商内部，直接材料费的计算公式是：

$$直接材料费 = 产品实体 + 损耗 + 废品$$

如果供应商在采购合同中让某一个采购者把材料费中的"损耗"和"废品"费用全部承担了，那么采购者一定会认为这样存在一定的不合理性。尽管如此，"羊毛出在羊身上"，供应商一般总会将这部分费用在采购合同中以某个科目的名义予以分摊，这时，采购人员就要查看其分摊程度是否合理。

2. 人工费中的"水分"

我们再来看供应商报价中的直接人工费的构成：

直接人工费＝实际用时＋间歇＋停工（工间休息、设备调整）＋废品耗时

其中，实际用时通常是必不可少的，否则会影响产品质量；关于间歇，举例来说，生产工人在工作中，由于需要等待上一道工序完成才能作业，而上一道工序又比较慢，使得一部分工人不得不停歇下来等待上一道工序的完成，这个停歇下来的时间，就是间歇，供应商同样是要支付工人工钱的；停工，主要是指工人在工作期间的正常休息，以及机器设备正常保养所占的时间；所谓废品耗时，是指工人即便生产出了废品件，也会消耗时间和费用的，供应商甚至还要支付程度不等的工资，正常来说，这部分费用是可以报给采购方的，但是采购人员要警惕供应商的这部分费用报得过高。

3. 制造费用中的"水分"

一般来说，制造费用可以分为变动制造费用和固定制造费用。在实际工作中，制造费用通常需要一个预定的分配率计算出来，以归入相应的制造成本中。该分配率的参考计算公式为：

制造费用分配率＝制造费用预算总额÷标准工时总数

比如，某企业生产车间全年计划制造费用为3.6万元，全年定额工时为4万小时，那么制造费用在该年度的分配率为：$3.6 \div 4 = 0.9$（元/小时）。假定本年度实际耗费工时为3.5万小时，那么本年度发生的制造费用为：$3.5 \times 0.9 = 3.15$（万元）。

采购人员需要注意的是，供应商的产品主要是依靠人工来生产，还是以机器设备来生产的，这将决定标准工时是采用人工还是机器设备来衡量。假如产品生产主要投入的是人工，则用人工来衡量；若生产是以机器设备为主，就要用设备去衡量。

4. 费用分摊中的"水分"

我们在前面曾提及，财务费用、销售费用和管理费用未直接参与产品的生产制造，供应商处理这部分费用的方式主要是"分摊"。在实际工作中，主要有两种分摊方式，分别是传统分摊法和ABC法。

传统分摊主要以直接材料作为分摊标准，方式比较简单易行，比如，材料费高的就多摊一些，材料费低的就少摊一些。当然，这种分摊方式也存在一定的问题，举例来说，有些产品虽然价格较高，但是品牌认可度高，产生的销售费用反而低；有些产品虽然价格低，但是市场上的同类型产品多，竞争力大，销售费用随之也大。这种情况下，采用传统分摊的方式，就会与实际产生的费用产生较大差异。

ABC法的全称为"Activity-Based Costing"，可译为"发生在谁身上的费用，就由谁来承担"。可见，ABC法有效地避免了传统分摊法中的不足。

总之，供应商为了佐证自己报价的"合理性"，通常会列述成本中多项费用的组成。一般来说，外行往往看不透其中的"猫腻"和"水分"。对此，采购人员一定要练出一双"火眼金睛"，看出供应商的报价是否合理。

常见的谈判压价技巧

采购中的价格谈判通常是指采购人员与供应商业务人员讨价还价的过程。对于采购人员来说，会想办法压价，以减少本企业不必要的开支；对于供应商来说，则是想办法固守报价。我们在此为采购人员提供一系列常用的谈判压价技巧，以提升与供应商的"过招儿"水平。

1. 直接压价

这是指采购人员开门见山地要求供应商降价，在某种情况下，会有一定效果。比如，在议价过程中，采购人员可以在适当时机直接提出预设的底价，从而促使供应商提出比较接近该底价的价格，达到降价目的；有时，议价结果达到了采购人员可以接受的价格范围，便直接表明自己可以接受的价格；若供应商将提高售价归结到原料上涨、工人工资水平提高、利润太薄等因素时，采购人员对于谈判中遇到的不合理的加价，仍要及时提出质疑，以获得降价机会。

2. 间接压价

这是指采购人员在谈判中，不要一开始就直奔降价话题，可以采取间接的办法达到降价目的。比如，在开始商谈时，采购人员可以先谈一些轻松的话题，借此熟悉对方的谈判阵营，也使双方放松心情，再慢慢引入价格谈判的话题；采购人员还可以采用"低姿态"，对于供应商提出的价格，尽量表示困难，多说"不好办""生意难"等字眼，从而以"低姿态"博取对方的同情，换来降价；采购人员要避免在电话或文字交流里议价，最好面对面议价，这样沟通效果较佳；还可以伴有肢体语言、表情来说服对方，进而让对方接受降价。

在谈判中，采购人员除了要求降价外，对于一些非价格因素，也要积极地开展"议价"，以减少不必要的成本。比如，当供应商决定提高售价，而不愿有所变动时，采购人员可以要求供应商分担售后服务及其他费用，以获得相应补偿。比较典型的是，采购方在购买大件家电时，如果实在还不下价格，可以要求供应商提供完善的售后服务，要能提供送货、延长质保服务等，从而在其他方面达到为采购方降低成本的目的。

3. 让步技巧

一个优秀的谈判人员，不仅懂得进攻，还懂得攻守兼备，既要懂得"进攻性"的降价，也要懂得适当的让步，只有这样，才有可能让谈判中的另一方心悦诚服。采购人员在做出让步时，要注意这些方面：谨慎让步，要让对方意识到你的每一次让步都是"艰难"的，使对方充满"期待"，而且每次让步的幅度不能过大；尽量迫使对方在关键问题上先行让步，而本方则在对手的强烈要求下，在次要方面或者较小的问题上做出让步；事先做好让步的计划，所有的让步应该是有序的，并将具有实际价值和没有实际价值的条件区别开来，在不同的阶段和条件下使用；不做无谓的让步，每次让步都需要对方用一定的条件交换；了解对方的真实状况，在对方急需的条件上坚守阵地，这样才能换来对方相对应的让步。

除了上述谈判压价技巧外，采购人员还可以采用"欲擒故纵"等方法，即采购人员应该设法掩藏购买的意愿，不要明显表露出非买不可的心态，否则，一旦供应商识破采购人员非买不可的处境，这将使采购人员处于价格谈判中的劣势，因此，采购人员应采取"若即若离"的姿态，从试探性地询价着手；也可以采用"敲山震虎"的方式，巧妙地暗示出对方存在的危机与不利因素，从而迫使对方降价。比如，采购人员可以谈库存给企业现金流带来的压力，但需点到为止，要给人一种雪中送炭的感觉，从而使供应商觉得采购人员并非幸灾乐祸、趁火打劫，而是真心实意地想跟自己合作，"帮"自己渡过难关。既然供应商意识到采购人员是在帮自己，那么以适当降价实现"互惠互利"也就"理所当然"了。

总之，我们在这里提供一些采购谈判中的压价技巧，并非鼓励谈判双方钩心斗角与只顾一己私利，因为谈判的过程也是一个斗智的过程，发现谈判双方共同可以接受的价格和条款，是需要双方反复磨合与尝试的。当然，在采购活动中，如果其中一方感到合作对自己不利，恐怕合作就难以顺利进行，甚至不会进行。所以，采购人员掌握必要的压价技巧，与我们一贯提倡的双赢谈判是不矛盾的，这将促进谈判双方的深入沟通与了解。

第五章　采购合同与订单管理

美国第三任总统托马斯·杰斐逊有句名言:"不要说信赖谁,还是让契约来约束他吧!"这里的"契约",又称为"合同"。在合同之中,通常规定了彼此的权利和义务,从而保障合作的有序开展。其实,合同的基础是要平等自愿,关键是要不打折扣地执行。

正如我国孔子在《论语》中所说:"言必信,行必果。"也就是说,一个人说出的事一定要有可信度,说了就一定要守信用,一定要去办到。当然,这里的"说",既可以是口头语言,也可以是文字语言。在采购工作中,企业与供应商的合作最终会表现为一纸合同,以及落实为相应的订单处理。

签订采购合同的步骤

在采购工作中，选择不同的采购方式，在签订采购合同的程序上会有所不同，但是通常，采购合同的签订普遍遵循一些原则和程序，从而保证合同的顺利履行，以预防合同纠纷。

那么，签订采购合同时需要遵循哪些原则：

第一，合法原则。供需双方要签订的采购合同必须遵守国家的法律、法令、方针和政策，其内容和手续也应符合有关合同管理的具体条例和实施细则的规定。

第二，平等原则。准备签约的供需双方必须坚持平等互利，充分协商的原则，决不允许强买强卖式的采购或销售。

第三，书面原则。采购合同应当采用书面形式，即便有预先口头要约，最终也要落实到文字层面上。

第四，法人原则。采购合同的当事人必须具备法人资格。所谓法人，是指具有一定的组织机构，能够独立支配财产，能够独立从事商品流通活动或其他经济活动，享有权利并承担义务，依照法定程序成立的企业。一般情况下，当事人应当以自己的名义签订采购合同；委托别人代签的，必须要有委托证明。

签订采购合同的程序，主要是指合同当事人对合同的内容进行协商，达成共识，并签署书面协议的过程。一般来说，签订采购合同会有以下四个环节：

1. 要约

这是指当事人中的一方向另一方提出订立经济合同的建议；提出签订合同建议的一方叫要约人。要约是订立采购合同的第一步。通常而言，要约可以向特定的供应商发出，也可以向非特定的供应商发出。

要约内容必须明确、具体、真实，不能含糊其辞、模棱两可。由于要约是要约人向对方做出的一种允诺，因此要约人要对要约承担责任，并且要受要约的约束。如果对方在要约一方规定的期限内做出承诺，要约人就有接受承诺并与对方订立采购合同的义务。另外，要约人可以在得到对方接受要约表示前撤回自己的要约，但撤回要约的通知必须不迟于要约到达。对已撤回的要约或超过承诺期限的要约，要约人不再承担法律责任。可见，采购人员在工作中向供应商发出要约时，还是要慎重起见。

2. 承诺

这是指当事人中的另一方完全接受要约人的订约建议，同意订立采购合同的意思表示。其中，接受要约的一方叫承诺人。可见，承诺是由接受要约的一方向要约人做出的明确表示，是订立合同的第二步。

承诺必须是承诺人完全接受要约人的要约条款，不能附带任何其他条件，即承诺内容与要约内容必须完全一致，这时协议即成立。如果承诺人对要约提出代表性意见或附加条款，则视同拒绝原要约、提出新要约，这时要约人与承诺人之间的地位就发生了交换。在实际工作中，很少出现承诺人对要约人提出的条款一次性完全接受的，双方往往要经过反复的业务洽谈，经过协商后，取得一致的意见，从而达成协议。

3. 签约与公证

供需双方经过反复磋商，以及反复的要约与承诺后，最终形成文字形式的合约，再经过合同签订和合同公证，一份具有法律效力的采购合同就正式形成了。其中,签订合同是在双方平等自愿与合法合规的基础上,由双方的法定代表人签署,并确定合同的有效日期;合同公证是指合同管理机关根据供需双方当事人的申请,依法证明其真实性与合法性的一项制度。在订立采购合同时,尤其是在签订金额数目较大及大宗商品的采购合同时,需要经过工商行政管理部门或立约双方的主管部门共同签证。一般来说,政府采购合同普遍需要对合同进行公证;一些涉及数额较小的采购合同,供需双方要依法签盖合同专用章,并且确保合同中的所有条款合法合规,也是具有法律效力的,并且受法律保护的。

4. 履约

签订完采购合同,以及合同生效后,就要进入履约环节。供需双方接下来就要严格按照合同的规定行使各自的权利与义务,包括正常供应货物与支付货款。在履约的过程中,如果双方当事人中的任何一方认为对方未依照合同规定履约,均可依法与对方进行交涉,必要时可以提请司法部门仲裁。

签订采购合同时的注意事项

一般来说，采购合同一经签订，就具有了法律效力，所以，采购人员在签订采购合同的环节一定不能粗心大意，避免给自己带来不必要的麻烦。为此，采购人员要了解以下关于采购合同签订时的一些注意事项：

1. 审查对方的真实身份和履约能力

采购人员要审查对方的经营主体资格是否合法和真实存在，特别是审查签订合同的人员有无资格、有无授权等；审查对方的履约能力，就是要查清对方现有的、实际的、真实的经营情况，看对方是否具备合同履行能力，避免出现签订合同后执行难。

2. 审查合同印章与签字人的身份，确保合同是有效的

当事人要依法加盖合同专用章，合同的签字人应为对方的法定代表人或经法定代表人授权的经办人，并提供相应的身份证明资料，必要时合同双方还需出示营业执照副本或工商行政管理机关出具的法定代表人资格证书等文件。

3. 认真审查标的物的名称

这里的标的物，是指采购的物品。在采购合同中，采购标的物用必须用国家规定的标准用名称谓，不得使用其俗称，更不得自行单方面非法命名。

同时，标的物本身必须合法，对于法律法规不允许交易的物品，合同中若将其作为标的物，则合同无效，而且签约双方当事人要为此承担相应的法律责任。

4. 注意合同价款的表述

一般情况下，价款即标的物本身的价格，然而涉及异地交货的大宗买卖，尤其是涉外买卖，还会产生不菲的运输费、保管费、装卸费、保险费、报关费等一系列额外费用。关于这些费用由谁承担，要在合同中做出明确的规定，签约双方当事人可以在遵守法律法规的前提下自行协商确定。再者，对于涉外采购，签约双方要明确规定用何种货币进行支付，还要明确以什么时间的汇率为准，以避免因规定不明确而可能导致的纠纷。

5. 注意合同的质量条款

通常而言，质量是标的物的内在素质和外观形态的综合反映，它主要反映了五种含义：一是标的物的物理、化学成分，以此确定标的物的品质；二是标的物的规格；三是标的物的性能；四是标的物的款式；五是标的物的感觉要素。

另外，根据商业习惯，交易双方确定买卖标的物质量的方法也主要有五种：一是以特定标准（如国家标准、国际标准）确定标的物的质量，二是以良好的平均品质为依据确定标的物的质量，三是以产品说明书为根据确定标的物的质量，四是以品牌、商标确定标的物的质量，五是以样品为标准确定标的物的质量。交易双方在签订合同时，必须注明采用何种质量标准，这五种确定质量的方法可以单用，也可以组合使用。

6. 注意约定争议管辖权条款

我们在合同中约定争议管辖权条款，能避免陷入一些不法供应商设计的司法"陷阱"。比如，供需双方距离很远，假如规定合同出现争议，要由供应商所在地法院管辖，那么采购方为此要承担不菲的差旅费，而且长途奔波，还会影响正常的工作,以至于一些"中计"的采购方只得不了了之。

因此,在采购合同中,双方可以共同约定一个彼此都可以接受的某个相关所在地的法院对其合同纠纷有管辖权。另外,我们还要注意合同的签订地点问题。一般情况下,凡书面合同写明了合同签订地点的,以合同写明的地点为准;未写明的,以双方在合同上共同签字盖章的地点为合同签订地;双方签字盖章不在同一地点的,以最后一方签字盖章的地点为合同签订地。

此外,签约双方对于合同中没有约定或者约定不明确的内容,还可以以协议形式予以补充;对于不能达成补充协议的,可以按照合同有关条款或者双方平等自愿、合法合规的原则来确定。

采用保证金方式来保证合同的履行

在签订采购合同时,尽管采购人员已经对供应商的履约能力进行了检查,但是在合同履约过程中还是要有一些必要的监督,从而保障合同的正常履行,以减少不必要的损失。比如,采购方要建设一个重要的工程,工期也比较长,假如在这期间没有必要的监控,一旦供应商未能按时交付货物,势必对采购方的工程产生一定的影响。可见,为了确保供应商正常履约,采购方要采取一定的监督措施。在这里,我们主要介绍保证金方式。

所谓保证金,是指买方或卖方按照交易市场规定的标准交纳的资金,专门用于订单交易的结算和履行约定的保证。那么,在采购活动中,通常存在哪些保证金的形式呢?下面我们将一一进行介绍。

1. 履约保证金

在商务合作中,买卖双方为确保履约而进行的一种财力担保,称为履约担保。通常情况下,履约担保的形式有履约保证金、履约银行保函和履约担保书三种。其中,履约保证金可用保兑支票、银行汇票或现金支票。履约保证金不得超过中标合同金额的10%;履约银行保函是中标人从银行开具的保函,额度是合同价格的10%以内;履约担保书是由保险公司、信托公司、证券公司、实体公司或社会上的担保公司出具担保书,担保额度是合同价格的30%。一般来说,当合同到期或依法解除时,保证金才会予以退还。如果供应商违约,将会丧失收回履约保证金的权利,并且不以此数额为限。

2. 绩效保证金

在实际工作中,采购方为了保障供应商的供应质量,如产品质量、服务质量等达到预期要求,需要在采购合同中要求供应商交纳一定的金额作为绩效保证金。如果供应商提供的产品和服务达到了合同规定的要求,采购方则按照规定返还绩效保证金。

3. 押金

所谓押金,是指一方当事人将一定费用存放在对方处,以保证自己的行为不会给对方利益造成损害。如果造成了损害,则可以将该费用据实支付或者另行赔偿。一般情况下,在双方法律关系不存在且无其他纠纷后,押金应予以退还;交纳押金的一方在违约时,押金将会被扣除。

4. 信用证

信用证是指由开证银行依照申请人(买方)的要求和指示,向第三方开立的载有一定金额、在一定期限内凭符合规定的单据付款的书面保证文件。

举例来说,买卖双方在刚开始合作时,可能存在互不信任的情形,买方担心预付款后,卖方不按合同要求发货;卖方也担心在发货或提交货运单据后买方不付款。因此,需要两家银行作为买卖双方的保证人,代为收款交单,以银行信用代替商业信用。银行在这一活动中所使用的工具就是信用证。

5. 投标保证金

投标保证金是指在招标投标活动中,投标人随投标文件一同递交给招标人的一定形式、一定金额的投标责任担保,这主要是为了保证投标人在递交投标文件后不得撤销投标文件,中标后不得无正当理由不与招标人订立合同,在签订合同时不得向招标人提出附加条件,或者不按照招标文件要求提交履约保证金，或者不按照合同要求正常供应货物，否则，招标人有权不予返还其递交的投标保证金。

投标保证金的形式一般有现金、银行汇票、银行本票、支票和投标保函。其中，银行汇票是汇票的一种，是一种汇款凭证，由银行开出，交由汇款人转交给异地收款人，异地收款人再凭银行汇票在当地银行兑取汇款；银行本票由银行开出，交由投标人递交给招标人，招标人再凭银行本票到银行兑取资金；支票是出票人签发的，委托办理支票存款业务的银行或者其他金融机构在见票时无条件支付确定的金额给收款人或者持票人的票据；投标保函是由投标人申请银行开立的保证函，保证投标人在中标人确定之前不得撤销投标，在中标后应当按照招标文件和投标文件与招标人签订合同，如果投标人违反规定，开立保证函的银行将根据招标人的通知，支付银行保函中规定数额的资金给招标人。

总之，采购人员依法采取相应的保证金措施，在一定程度上可以确保供应商在履行合同中，能够严格按照合同规定履行相应的义务，从而减少采购风险。

合同欺诈与纠纷的处理

根据《中华人民共和国民法通则》与《中华人民共和国合同法》的相关规定,合同欺诈是以订立合同为手段,以非法占有为目的,用虚构事实或隐瞒真相的欺骗方法骗取公私财物的行为。对于该行为,司法解释为"一方当事人故意告知对方虚假情况,或者故意隐瞒真实情况,诱使对方当事人做出错误的意思表示"。合同纠纷则是指因合同的生效、解释、履行、变更、终止等行为而引起的合同当事人的所有争议。

从两者的定义中可以看出,合同欺诈与合同纠纷虽然都与合同有关,但是两者却有着本质的区别。这主要表现为:

第一,行为人明知自己没有履行合同的实际能力或根本没有履行合同的意愿,签订合同只是为了达到占有对方财物的目的,这就是合同欺诈行为;如果当事人具有履行合同的诚意,只是在履行合同的过程中,由于客观原因或主观原因而过高估计了自己的履行能力,虽经过努力但仍不见成效的行为,则按合同纠纷处理。

第二,在合同签订时和签订后,行为人具有履行能力,但却虚构事实或制造借口,故意不履行合同,以达到占有对方财物的目的,这就构成了合同欺诈;如果当事人由于某种原因导致工作失误而给对方造成损失,则应按合同纠纷处理。

通过上面的阐述可知,合同欺诈在定性上是存在主观恶劣性,是一种违法行为。为了避免在工作中遭遇合同欺诈，我们来看下合同欺诈通常表现为哪些形式：

1. 伪造合同

欺诈人以非法占有为目的，用伪造合同主体、伪造合同内容等手法，凭空捏造或者虚构合同，骗取他人的财物。这既可以是伪造合同，直接骗取他人财物，也可以是先伪造一份合同，并用此合同引诱他人与之签订合同，骗取财物。

2. 虚构主体

欺诈方伪造营业执照，虚构企业名称、资金、经营范围等，采用根本不存在的或者未经依法登记注册的单位与他人订立合同，骗取他人财物。

3. 虚构担保

欺诈人伪造、变造作废的票据或者虚假的产权证明做担保，引诱他人与之签订合同、履行合同，进而骗取对方的财物。

4. 货物引诱

欺诈方利用一些单位或个人急需某种紧缺或畅销商品的心理，谎称能提供此类紧俏商品，签订虚假的购销合同，骗取对方的定金或预付款。采取该欺诈方法的当事人，一般会伪装成供货商。

5. 谎称专利技术引诱

欺诈方虚构能带来高额利润的专利、高新技术，打着"包教包会"、包设备、包回收、包利润等幌子，引诱对方签订合同，从而连续骗取对方的技术转让费、培训费、设备费等费用。

6. 其他合同欺诈形式

其他常见的合同欺诈形式还有盗用、假冒名义（即假冒知名企业的法定代表人或法定代理人、业务负责人，利用伪造的证明文体与对方签订合同），以及虚假广告、信息引诱（即欺诈方先发布虚假广告和信息，引诱他人与之签订合同，骗取对方的中介费、立项费等财物）等，我们在实际工作中要提高识别合同欺诈的能力。

合同欺诈行为中的责任人通常要承担侵权民事责任，有些还要承担违法行政责任，甚至犯罪刑事责任。

相对来说，合同纠纷主要表现在争议主体对导致合同法律关系产生、变更与消灭的法律事实，以及法律关系的内容有着不同的观点与看法。

在实际工作中，合同纠纷主要表现为有效合同纠纷和无效合同纠纷。

无效合同纠纷是指因合同的无效而引起的合同当事人之间的争议，如合同无效后，合同当事人因各自返还因合同而取得的财产发生的纠纷，合同无效责任应由何方承担，承担多少责任等。

有效合同纠纷是指在合同生效的前提下，合同当事人因履行合同而发生的争议、包括合同订立后合同当事人对合同内容的解释，合同的履行及违约责任，合同的变更、中止、转让、解除、终止等所发生的一切争议，绝大多数合同纠纷为有效合同纠纷。

关于合同纠纷的处理，主要有四种方式：

（1）协商，即合同当事人在友好的基础上，通过相互协商解决纠纷，这一般是最佳的处理方式。

（2）合同当事人如果不能协商一致，可以要求有关机构（如合同管理机关、仲裁机构、法庭等）调解。

（3）仲裁，合同当事人协商不成，不愿调解或无法调解的，可根据合同中规定的仲裁条款，或者双方在纠纷发生后达成的仲裁协议，向仲裁机构申请仲裁。

（4）诉讼，即合同中若没有订立仲裁条款，事后也没有达成仲裁协议，合同当事人可以将合同纠纷起诉到法院，寻求司法解决。

总之，采购人员在工作中若是发现存在合同欺诈或合同纠纷，就要依法处理，以维护自己的正当权益。

采购合同的变更

采购合同在实际履行的过程中，由于各种原因会导致合同履行情况发生变化，比如，由于天气原因，影响货物运输，导致货物交付时间延后，或者原材料价格突然大幅度提高，造成货物价格发生变化等，使得当事人很难做到完全遵照合同的约定履行。一般情况下，一方当事人在情况发生后，总是会与对方当事人协商变更合同的部分条款。这就产生了采购合同的变更。

通常来说，采购合同变更的方式有两种：一种是双方当事人协商变更，另一种是申请法院或仲裁机构裁决变更。关于协商变更，我国《合同法》第77条规定："当事人协商一致，可以变更合同。"在实际工作中，当事人协商变更合同是最常见的合同变更方式。当事人就变更合同内容达成一致的，应当签订补充协议，再由双方当事人签字盖章后生效。

关于仲裁变更，我国《合同法》第54条规定，因重大误解订立合同的，在订立时显失公平的，被欺诈、胁迫或乘人之危签订合同的，受损害的一方当事人有权请求人民法院或者仲裁机构变更或者撤销合同。另外，采购合同若出现法律规定的违背当事人意思表示的情形的，受损害人可以依法向人民法院起诉或者申请仲裁机构裁决变更相应合同内容。

关于合同双方当事人在进行合同内容变更时，我国《合同法》第78条规定："当事人对合同变更的内容约定不明确的，推定为未变更。"也就是说，采购合同在变更时，相应的变更内容必须明确具体，绝不能模棱两可。

一般来说，在实际工作中，采购合同变更的内容主要集中在这几个方面：①标的物数量的增减；②标的物品质的改变；③价款的增减；④履行期限；⑤地点的改变；⑥结算方式的改变；⑦违约金的变更。这些内容的变更务必具体明确。

那么，在实际工作中，哪些合同属于可变更（包括可撤销）的范畴呢？从性质上来看，可变更的合同主要违反了一方当事人的真实意思表示，并形成了该方当事人向法院或仲裁机构提出仲裁、诉讼的诉权。具体来说，包括以下这些法定情形：

（1）因重大误解订立的合同，当事人中任一方均享有撤销合同的请求权。其中，重大误解指行为人因对行为的性质，对方当事人，标的物的品种、质量、规格和数量等的错误认识，使行为的后果与自己的真实意思相悖，并造成较大损失的，可以认定为重大误解。

（2）在订立时显失公平的合同，当事人中任一方均享有撤销合同的请求权。其中，合同的显失公平是指合同一方当事人利用自身优势，或者利用对方没有经验等情形，在与对方签订合同时设定明显对自己一方有利的条款，致使双方基于合同的权利义务和可观利益严重失衡，明显违反公平原则。此外，双方签订的合同中设定了某些看似对一方明显不利的条款，但设立该条款是双方当事人真实的意思表示，其实质恰恰在于平衡双方的权利义务，比如，合同中的甲方由于在价格谈判中，就价格做出了优惠，同时要求乙方承担运费，乙方也表示同意，在合同签订后，乙方有反悔的情形。针对这种情况，合同一方当事人在签约后，以显失公平为由请求撤销该合同条款的，一般不应予以支持。

（3）一方以欺诈、胁迫的手段或者乘人之危，使对方在违背真实意思的情况下订立的合同，合同双方中的受损害方享有变更、撤销请求权。对此，我们在前面的合同欺诈部分已经阐述过，在此不再赘述。

在工作中，我们除了遇到合同变更，有时还会遇到合同更新的概念。那么，合同变更与合同更新是一回事吗？答案为否。其中，合同更新是指当事人双方通过协商，变更了原合同的基本条款或主要内容，从而使变更后的合同与变更前的合同在内容上失去了同一性与连续性，导致原合同关系消灭，新合同关系发生。也就是说，合同更新是以一个新的合同代替一个旧的合同。

合同变更与合同更新的区别主要表现在：首先，合同变更仅限于合同内容的变化，而不涉及主体的变更，但在合同更新中，不限于合同内容发生根本性变化，还可能是合同主体的变化。例如，原来的供应商被其竞争对手收购或兼并，这时采购方与原来的供应商签订的采购合同就面临合同更新的问题。其次，合同变更是合同内容的非根本性变化，变更前后的合同仍保持一定的同一性和连续性，原合同关系仍然继续存在并有效，而合同更新是合同内容的根本性变化，在新旧合同的内容之间，可能并无直接的内在联系，这种变化直接导致原合同关系的消灭，新合同关系的产生。最后，合同变更主要通过当事人双方协商来实现，但在特殊情况下也可以直接依据法律规定而发生，而合同更新则是当事人双方协商一致的结果。

总之，如果采购人员了解了有关合同变更的问题，相信在工作中若遇到了此类问题，一定更能得心应手。

合同管理中的主要风险点

我们在前面已经介绍了采购合同管理中的一些风险应对措施，比如，应对合同欺诈、合同纠纷以及合同变更（包括合同撤销）等风险，那么，合同管理中还有哪些需要引起注意的主要风险点呢？我们归纳了下述几个存在合同管理风险的问题及其应对措施，以供参考：

1. 产品描述不确切的问题

在不少合同纠纷中，由于供需双方没有将商品的规格、型号描述清楚，导致履约中产生纠纷。对此，供需双方在起草采购合同时，就要对产品的名称、种类或者品种、规格、型号、品牌、商标、等级、花色、单价等信息做出明确的描述约定，避免日后产生歧义。

2. 产品数量及质量标准不清晰的问题

产品数量方面的纠纷，在一些小件商品的采购中容易出现。举例来说，每套水晶灯的灯具，正常情况下，供应商可以适当多附加几个螺丝，以作备用。然而，在供需双方协议中未对此做出规定，导致水晶灯具因遗失一个螺丝而无法安装，使得供需双方产生纠纷。

在产品质量标准方面，双方要明确具体的参考标准，从而确定产品质量是否"合格"。

总之，供需双方在采购合同中要详细规定上述细则，避免在合同履行中产生分歧。

3. 包装条款约定不明的问题

在现实中，由于产品包装问题而导致产品受损的情况时有发生。那么，关于供应商应该采用何种等级和材料的包装，以及包装材料的回收问题，供需双方在采购合同中也要明确规定。

4. 合同履行方式、期限、地点约定不清的问题

履行方式是送货，还是自行提货，这不仅涉及运输费用的承担问题，还将涉及货物在运输途中发生毁损、灭失风险的承担问题；履行期限约定不明将会严重影响合同内容的顺利履行、实施，产生逾期交货等纠纷；合同履行地点不明也会引发争议。对此，合同中应明确做出履行的方式、期限、地点，并明确双方的义务和权利，以避免争执。

5. 产品交付方面的问题

采购人员要加强质量验收风险意识，一旦发现质量问题，就要在合同约定的质量异议期限内及时提出书面异议，对验收当场发现的质量问题可在对方交付的销货凭证上直接签署质量意见，从而规避风险。

6. 款项交付方面的问题

一般情况下，尽量避免采用现金支付货款，若实际工作中需要用现金支付，应由收款方出具加盖公司财务印章的收款收据，并注明现金收讫；对于通过转账形式支付款项的，应将款项转入合同约定的账户，若需要变更账户或汇入第三方账号，则应由收款方出具书面的情况说明，避免出现付款后对方又不认账的情形；对于通过以票据（支票、汇票、本票）形式支付款项的，在填署票据时应确保与合同署名的主体相一致，若不一致，则要让对方出具情

况说明，同时要避免将空白票据交付对方，避免失控情形及遗留隐患。

7. 发票交付方面的问题

采购方要建立发票交付的书面签收制度，制作并保留好发票交付的签收凭证。

8. 应合同一方要求向第三方履行义务的问题

在实践中，有时会面临合同需方应供方要求转向第三方付款的情形。为了避免风险，对于事先商定的，关于向第三方履行合同的具体对象等细节问题应在合同中做出明确的约定；若是中途改变，则应由双方达成补充协议或由要求方出具书面确认函件，并重申或明确权利义务的承担主体。同时，履行方还应做好向第三方履行合同义务的事实证据的收集、整理工作。

9. 违约条款不明确、缺乏操作性的问题

在很多采购合同中会提到违约金，但是对于适用违约金的具体情形，以及违约金的具体数额或比例，有些合同却未做出合理的约定，从而造成合同纠纷。对此，合同双方应客观、合理地设置违约条款的适用情形，以及合法有效地设定违约金数额与比例，以便于追责。

10. 合同解除约定不明的问题

合同双方应在合同中对合同解除做出明确的规定，包括具体的解除情形，解除的程序性要求以及解除后法律后果的承担，从而有效确保合同解除权的行使，保障彼此的正当权益。

11. 诉讼时效方面的问题

在实践中，有些合同受害人在维护个人权益，尤其是民事权益时，由于过了法律诉讼时效而得不到法律的保护，最终造成无法挽回的经济损失。因

此，为了避免丧失法律的保护，采购人员应树立诉讼时效观念，同时，采购方企业最好有自己的专业律师或懂法律的人员。

12. 证据收集方面的问题

在一些有关合同纠纷的官司里，当事人在诉讼环节常因证据不足或缺乏事实证据而得不到法律的保护，造成自己的经济损失。因此，当事人要注意保留和收集合同及附件，以及在合同履行过程中形成的补充协议、送货单、购销凭证、发票签收记录、双方的来往函件、备忘录、会议纪要、传真件、交通票据、运输单、电话记录、电子邮件等书面、视频、录音资料，一旦发生纠纷，这些证据都将有可能成为有力的事实证据。

最后，我们在列述了上面关于合同管理的一些风险点后，希望采购人员在实际工作中不断总结和归纳，从而增强自己在合同管理方面的抗风险能力。

采购订单的日常处理

采购订单是企业根据产品的用料计划和实际能力以及相关的因素,所制订的切实可行的采购订单计划,并下达至供应商执行。在执行的过程中,采购人员要注意对订单进行跟踪,以使企业能从采购环节中购买到企业所需的商品,为生产部门和需求部门输送合格的原材料与配件。有时,供需双方签订的采购合同本身便有采购订单的功能,另外,供需双方也可以在签订采购合同后,开始具体在产品供应中经手采购订单的工作。

采购订单的日常处理主要涉及三项内容,分别是:

1. 采购订单的明细管理

采购订单的明细管理主要是通过对采购订单各项目的管理,使企业相关部门能够明确掌握商品订货的情况。当采购单位决定采购的物品后,企业通常会寄发订购单给供应商,以作为双方将来交货、验收、付款的依据。

订购单的内容主要侧重于交易条件、交货日期、运输方式、单价、付款方式等。由于用途不同,订购单可分为厂商联(第一联),作为供应商交货时间的凭证;回执联(第二联),由供应商签字确认后寄回给企业物料联(第三联),作为企业控制存量和验收的参考;请款联(第四联),作为结算货款的依据;承办联(第五联),由制发订购单的单位自存。

2. 采购订单的跟踪管理

订单跟踪是采购人员的一项重要职责，通过订单跟踪，可以有效促进合同正常执行，满足企业的商品需求，保持合理的库存水平。在实际订单操作过程中，合同、需求、库存三者之间难免会产生矛盾，突出地表现为由于各种原因，合同难以执行，需求不能满足，从而导致缺货、库存难以控制。因此，能否恰当地处理供应、需求、缓冲余量之间的关系是衡量采购人员能力高低的关键指标。在实际工作中，采购订单的跟踪过程如图5-1所示。

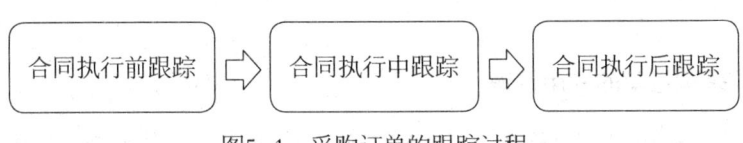

图5-1　采购订单的跟踪过程

在上图中，所谓合同执行前的订单跟踪，是指采购人员在签订合同前，要及时了解供应商是否接受订单。一般来说，同一种商品往往有几家供应商可供选择，如果某家供应商确实难以接受订单，采购人员可以及时选择其他供应商。同时，采购人员在与供应商交涉中产生的文件要予以及时存档，以备后查。

所谓合同执行中的订单跟踪，是指采购方与供应商签订正式的采购合同后，采购人员应全力跟踪，并且与供应商相互协调，建立起有效的业务衔接、作业规范的合作框架。在这个过程中，采购人员要严密跟踪供应商准备商品的详细过程，从而保证订单正常执行。在跟踪过程中，发现问题要及时反馈，需要中途变更的要立即解决，以免贻误时间。同时，采购人员要密切响应生产需求形势。比如，由于市场原因需求紧急，要求本批商品立即到货，采购人员应马上与供应商协调，必要时可帮助供应商解决疑难问题；有时，市场需求出现滞销，企业经研究决定延缓或取消本次订单的商品供应，采购人员也应尽快与供应商进行沟通，确定其可承受的延缓时间，或终止本次订单操作，付给供应商相应的赔款。此外，采购人员还要慎重地控制库存，从而既保证销售正常，又保持最低的库存水平。在商品验收环节，采购人员应确保按照原先所下的订单，对到货的物品、批量、单价及总金额等进行确认，并进行录入归档，办理相应的付款手续。

合同执行后的订单跟踪是指采购人员应按合同规定的支付条款对供应商进行付款，并进行跟踪。如果供应商未收到付款，采购人员需要适当地督促付款人员按照流程规定付款，否则会影响企业的信誉。另外，商品在使用过程中，可能会出现问题，采购人员可以按照问题的大小与供应商及相关人员进行解决。

3. 采购订单的使用管理

随着电脑和网络的普及，在实际工作中，有的采购订单会采用电子订单形式，有的可能还沿用以往的纸质订单，两者在依法采用的情况下，法律效力是同等的。一般来说，采购人员将订单发给供应商，供应商在原件上签字后将其送回给采购方，表明供应商已收到订单并同意订单的内容。从法律上来讲，发送订单的采购部门构成了要约提供者，而确认订单的供应商则构成了要约接受者，提交和接受是具有法律约束力的要约的两个重要组成部分。

总之，采购人员在工作中会经常与采购订单打交道。俗话说"熟能生巧"，采购人员只要多看、多听、多练、多实践，就一定会对采购订单的处理做到游刃有余。

采购中的及时交货管理

在很多时候，虽然供需双方签订了采购合同，及时交货也成为一件看似"简单"的事情，然而在实际操作中，签了采购合同，交货却不及时的现象"由来已久"，甚至频繁发生。

在实际工作中，未及时交货往往会对需求方造成难以估量的损失。比如，对于制造型企业来说，任何一个元器件出现短缺，必然直接影响到生产计划的安排以及产品的上市销售。很多时候，由于供应商不能及时交货，使得企业不得不寻求其他办法来协调解决缺料的问题，企业甚至付出了数倍的时间、精力与成本。

猛一看，交货不及时的表层现象在于采购合同交货期到来时，供应商无法按时交货，或交货数量无法满足需求，出现交货延期。那么，出现供应商不及时交货的真正原因是什么呢？这主要包括七个方面，即客户、市场、研发、计划、采购、供应商和材料。比如，客户催货数量多、时间紧，市场部门接到大的订单，需要增加产品产量，研发部门设计新产品，采用了新兴的零部件，计划部门调整生产计划，增加了产品产量，供应商产能有限，材料的上游原材料出现紧缺等，这些原因都可能导致供应商不能及时交货。

为了解决采购中不能及时交货的问题，我们要整合其他内外资源，并从下述四个方面予以重点改进。

1. 产品线要发挥驾驭全局的核心作用

每一个产品都归属于相应的产品线，所以，产品线对于产品而言，具有驾驭全局的核心领导地位。产品线决定了产品的市场定位和生命周期定位，产品线要依据产品的不同定位，控制调整原材料采购的频率和策略，从而更好地应对随时变化的市场供求形势。与此同时，还要对不同原材料实施替代、升级、预测等工作，以应对原材料市场的变化。产品线作为产品的经营者，要对与产品相关的所有工作负责，还要高度关注产品所需的全部原材料是否能够及时交货。

具体来说，产品线可以根据产品的市场定位，决定原材料的采购方式。例如有些材料货期长、供货紧张，产品线就应建立必要的安全库存，提供必要的预测数据，以缓解未来需求的紧张压力，而对于生命周期短的产品，采购方式就应以短期内现货供应为主，要注重交货实效；产品线还要配合市场体系做出必要的中长期预测，并不断提高预测的准确性；针对产品中的"危机材料"，产品线要及时防范，切勿掉以轻心。其中，停产材料、供不应求的材料、使用客户少的材料、产能有限的材料等都属于"危机材料"，产品线要及时有效地进行元器件替代、升级等工作，以降低"危机材料"带来的风险。

2. 计划部门担当起防范风险的任务

计划部门是将主生产计划转化为实际采购计划指令的运行部门，调整、控制材料的交货计划与库存，以达到原材料及时齐套与控制库存的目标。由于市场预测的不确定性，以及原材料供货市场的波动，计划部门所承担的防范风险的作用尤为突出。为此，计划部门应尽量减少计划的波动，根据原材料的货期数据，及时下达计划，针对危机材料，要建立远期备货计划。

3. 市场销售部门提供必要的预测信息

市场销售部门的重点在于占领市场，扩大市场份额，其前提是有充足的产品供应保证以及最短的供货时间，所以，市场销售与原材料采购及时交货密不可分。对此，市场前线人员要根据销售的市场态势，及时预测和调整产品的变化，以便计划部门相应做出原材料采购的布局变动，从而为采购部门提供相应的信息支撑，以更好地确保及时交货。

4. 采购部门保证及时交货

采购部门将与供应商签订的买卖合同作为交货的基本凭证，如果出现了供应商未及时交货的现象，从采购部门的角度来说，对于因供方的原因造成无法及时交货的情况，应依据合同条款向供应商索赔，或要求供应商限期补救；对于因买方原因造成无法及时交货的情况，买方自身应积极改善工作，避免以后重复出现类似的问题。

此外，采购部门还可以针对不同类别的原材料采取不同的采购方式，从而优化交货时间；加大订单跟踪力度，定期与供应商沟通，及时发现问题、处理问题，重视对供货市场信息的收集与反馈；对影响交货的因素及时采取应对措施等。

总之，采购中的及时交货非小事，即便供需双方签订了有法律约束力的合同，双方的采购订单也在运转中，采购人员仍要密切关注交货动态，避免由于未及时交货给企业带来的不利影响。

范本一：采购合同

采购合同

（合同号：　　　　　）

甲方（单位名称）：	乙方（单位名称）：
开户行：	开户行：
账号：	账号：
联系电话：	联系电话：

根据《中华人民共和国合同法》的有关规定，为明确合同双方的权利与义务，经过双方友好协商，现达成以下条款：

一、产品名称、型号、数量、价格

产品名称	规格型号	单价	数量	总价
合计				

注：人民币大写数字——壹、贰、叁、肆、伍、陆、柒、捌、玖、拾、零、佰、仟、万、亿、元、角、分、整。

二、付款时间与方式

1. 甲方于收到××产品××日内，全额支票支付乙方合同全部货款。
2. 乙方于货款入账××日内提供甲方全额增值税专用发票。

三、交货方式、交货日期及交货地点

1. 交货日期：合同生效后××日内，乙方交付甲方××产品。乙方收到甲方货款后，交付甲方××产品。
2. 交货地点：甲方指定地点。

四、质量标准

1. 乙方所提供产品的技术指标应符合国家颁布标准。
2. 在质保期内，如果乙方提供的产品出现质量问题，乙方需要在1个工作日内给予相应处理，在3个工作日内给予完备处理。特殊情况需要乙方免费提供备机给甲方使用，不得因产品质量问题影响甲方的正常生产活动。

五、违约责任

1. 除不可抗拒事件，任何一方不得违反本合同条款。
2. 如发生交货日期延迟，乙方每延误一天交货需按合同总额的5‰向甲方支付违约金；甲方不得拖欠乙方货款，如甲方没有按期支付，每延误一天需按合同总额的5‰向乙方支付违约金。违约金最多不超过合同总金额的10%。

六、争议的解决

凡因执行本合同所发生的争议，或与本合同有关的一切争议，双方应通过友好协商解决。如果协商不能解决，依照《中华人民共和国合同法》，由双方认可的仲裁部门解决或向人民法院起诉。

七、其他事项

本合同一式两份，甲乙双方各持一份，具有同等法律效力。合同附件与本合同具有同等法律效力。本合同自甲乙双方签字盖章之日起生效，传真件具有同等法律效力。

甲方（盖章）：	乙方（盖章）：
代表人签字：	代表人签字：
日期：	日期：

范本二：采购订单

采购订单

甲方单位名称		订购单编号	
公司地址		订购单日期	
联系电话		承办人	

本公司（甲方兼买方）向贵公司（乙方兼卖方）订购下列商品，经双方同意，议定如下：

乙方名称		送货方式	
公司地址		交货地点	
联系电话		联系人	

序号	商品名称	商品规格	数量	单位	单价	总价	交货期

备注：

1. 乙方接到本订单，请尽速确认，并回复本公司。
2. 乙方应确保产品质量完好无损与上述交货期规定。
3. 乙方已确认该订单，却逾期交货者，本公司有权取消订单。
4. 乙方请务必将订单号码注明于送货单及发票等资料上。
5. 付款条件与方式按照采购合同中的规定执行。
6. 乙方如有违反本订单内容规定，发生交期延迟、数量不足的，按订单总金额的10%作为赔偿；乙方连续3次出现交期延迟的，甲方有权扣除乙方提交的保证金；乙方所供货物不足该订单要求数量的，乙方必须在甲方要求期限内补充完毕剩余数量，乙方连续出现3次供货数量不足的，甲方有权扣除乙方提交的保证金；若乙方供应产品的质量不合格，乙方应全部无条件更换出现质量的产品，对甲方构成事实损害的，应加计赔偿额的10%予以赔偿；若乙方超过本订单数量交货，对于超交部分本公司将不付款，且不负保管之责任。
7. 订单执行中如有任何问题，请与本公司采购业务承办人洽谈。

甲方签章：	乙方签章：

第六章　采购品质管理

美国通用电气集团前CEO杰克·韦尔奇说："质量是维护顾客忠诚的最好保证。"企业产品质量的好坏，直接或间接地与采购环节的质量管理有关。如果采购品质有保障，在很大程度上就有助于保证产品质量，从而有利于强化企业和产品的品牌美誉度，为企业带来源源不断的经营效益。

正因为质量的重要性，美国著名企业管理大师汤姆·彼得斯言简意赅地说："质量等于利润。"基于采购工作对企业产品质量的重要影响，我们要从根本上保障产品质量，就离不开对采购环节的品质管理。

观点：采购部是一个利润中心

美国通用电气集团前CEO杰克·韦尔奇认为，采购部门不是成本中心，而是企业真正的利润中心之一。用杰克·韦尔奇的原话来说就是："采购和销售是公司唯一能'挣钱'的部门，其他任何部门发生的都是管理费用！"的确，采购管理作为企业管理中的一个重要环节，在企业运营中，还具有成本比重高、资金投入大、管理环节多等一系列特征。据统计，采购环节每降低1%，企业利润将增加5%～10%。可见，在增加企业利润方面，采购所起的杠杆作用尤为明显和重要。

其实，曾经在很长的时间里，采购在绝大多数的企业里被视为一个"花钱"的部门，是企业活动中的"成本中心"。既然认为采购是企业的"成本中心"，于是企业不断地要求采购部门降低采购成本，从而减少开支，提高企业利润。可见，即便在企业把采购视为"成本中心"的传统思维中，企业无形中也是将采购管理视为提高企业利润的一个重要途径。那么，在当前激烈竞争的市场环境中，企业要想提升自己的综合竞争力，更需要在加强和规范采购管理、提升采购品质方面下足功夫。

无疑，任何企业在采购中都要不同程度地"花钱"，既然每个公司都要在采购上花钱，那么，如何通过专业能力和谈判技巧，比竞争对手少"花钱"，或者获得更好的采购品质，也是形成自己竞争优势的有效手段。据统计，生产制造型企业外购的材料及零部件占企业采购成本的60%左右，而材料价格每降低 1%，在其他条件不变的前提下，企业的净资产回报率可以增加10%～15%。从这些数据来看，采购不折不扣地可谓是企业的一个"利润中心"。

采购的重要性，不仅需要我们严格保障采购对象的质量，更要对采购工作本身进行精益求精，只有这样，才能减少采购中不和谐问题的发生。在实际工作中，不少企业在采购工作中面临着一系列困难，诸如新闻媒体中报道的"采购黑幕"等事件，使得采购常与"回扣""暗箱"等名词联系在一起。

一般来说，采购工作质量整体的上升与这些因素有关：采购人员的职业道德与规范，价格成本分析，总成本分析，谈判策略和技巧，供应商合作伙伴关系，供应商评估，质量改进与保证，采购策略与规划，采购流程优化以及协调与合作技巧。如果我们在采购工作中，将这些因素一一优化，就会有助于我们从根本上遏制采购的所有负面形象，从而让采购变得更加阳光而专业。

在实际工作中，为了从整体上改善采购工作，结合我们前面的相关阐述，下述三个方面可谓在其中发挥着非常重要的作用：

1. 采购计划

通常情况下，采购成本最大的浪费就在于缺乏准确的采购计划，这是因为，计划不准确导致原材料的大量积压或者停工待料的现象很普遍。为此，企业要制订合理的采购计划，以便在合适的时间、用合适的资金采购合适的物料。

2. 供应商管理

对于任何采购人员来说，选择合适的供应商可谓是采购管理的重要工作，供应商的好坏直接决定企业的采购工作是否有效、采购成本和产品质量能否得到控制。为此，企业要加强供应商的准入控制和供应商资质的审批，建立完整的供应商档案和完备的价格数据库，根据供应商的历史表现（如价格、交期、质量等）来帮助企业综合评估、选择与淘汰供应商。

3. 采购价格管理

每一个企业都会有严格的采购价格规定，然而实际工作中常是"上有政策，下有对策"，因而规定能否有效地遵守和贯彻经常是管理的难点。为此，企业还要加强对采购的过程管理，包括有效记录采购中的每一次询价议价，使得每一次采购工作都能够有据可查。

总之，正如杰克·韦尔奇所言，采购是企业的一个利润中心。既然这样，企业就应对采购工作高度重视起来，扎扎实实地做好采购管理，让采购工作精益求精。

如何用规格描述产品质量

据我国某地对辖区内出口退运货物的统计,因产品规格不符合标准而形成品质问题,并造成退货的,占退货总量的70%左右。由此可见,采购人员需要对产品质量有着足够的认识水平,尤其是对用来描述品质的规格要有一定了解。

一般而言,我们在采购中提及的"适当的品质",是指可以满足买方使用目的的品质。通常情况下,采购人员在采购物品时,总会对产品质量有一定的要求,但是这些质量要求如何以某种标准描述形式予以表达,并能够清晰地传达给供应商,不产生歧义呢?这就需要用到规格。

所谓规格,是买方将采购产品的要求品质及一切条件告知卖方的文书说明,也是在验收环节能否予以接收的依据。从技术层面来看,规格可以分为主要规格和次要规格。其中,主要规格又称主要机能,一般通过性能、成分、纯度、韧性等词汇描述,可以影响产品能否正常使用;次要规格又称次要机能,如指定厂牌等,一般不宜做过多的限制。我们接下来以生活中常见的物资器材为例,看一下主要规格有哪些,具体内容见表6-1。

表6-1 物资器材的常见主要规格示例

序号	物资器材项目	一般主要规格描述
1	笔记本电脑类	显卡类型、内存容量、能效等级、屏幕尺寸、显存容量、操作系统、CPU平台、机械硬盘容量
2	智能手机类	机身颜色、网络模式、CPU型号、运行内存、电池容量、机身内存
3	食品类	净含量、是否含糖、口味、保质期、包装方式、配料表、食品添加剂
4	白酒类	配料表、体积、香型、生产日期、酒精纯度、储藏方法
5	家具类	重量、家具结构、颜色分类、安装方式
6	灯具类	灯身主材质、质保年限、光源类型、照射面积、颜色分类、灯罩主材质、适用电压
7	传感器类	输出信号、材料、制作工艺、类型
8	电源线类	纤芯材质、接口类型、线材材质
9	基本金属类	含碳量、密度、拉力
10	化学品	成分、纯度、重量、反应时间

上面表中列举的主要规格仅供参考，在实际工作中，我们通常会接触到更多的规格类型。一般来说，采购人员在使用规格对产品进行描述时，应遵循什么样的原则呢？一是通用性原则，即采购的产品要采用国际性或国内通用性的规格，从而使得产品符合标准化要求，减少产品质量上的不足；二是标准公差原则，一般来说，产品质量的实际效果通常和预期会有些出入，对此，采购人员一定要严格限制质量出入的幅度，从而更好地控制品质；三是新颖性原则，采购人员确定的产品规格要适应本企业的设计与生产的实际需要。

通常来说，我们在实际工作中，会面临很多规格类型，那么，这些规格类型都适用于哪些场合呢？我们接下来列举若干规格类型及其适用场合，以供参考。

表6-2　不同规格类型对应的适用场合

规格类型	适用场合
品牌或商标	·通用产品 ·与一个特殊的品牌有关，将使公司产品形成差异化时 ·质量比成本更为重要时
供应商/行业编码	·简单项目 ·易于从一个特定的供应商处采购
样品	·采购前很难评价质量 ·当展示需求比用文字描述或确认它更容易时
技术规格	·供应商是否具有所需的设计的专有知识和技能 ·企业产品竞争优势维系的需要 ·现有设备的接口需要
组成规格	·采购原材料、大宗商品和食品等产品 ·性能依赖于构成
功能/性能规格	·注重功能与性能创新 ·供应商所处行业的技术变化比较迅速的

总的来说，采购人员要能够灵活运用规格对采购对象做出精准而确切的描述，从而增强采购品质与企业需求之间的匹配度。

用制度管理采购品质

在采购品质管理中,企业制定相应的采购管理制度,有助于提高采购效率、降低采购成本,满足企业对优质资源的需求,以及规范采购流程。接下来,我们通过一个采购质量控制管理制度的范例,来进一步了解如何用制度管理采购品质。

采购质量控制管理制度

1. 制定本制度的目的

为了严格检验采购物资的质量标准,确保采购物资符合公司的质量标准和要求,杜绝不合格物资入库,现结合本公司的实际情况,特制定本制度。

2. 适用范围

本制度适用于本公司采购的所有物资的质量检验。

3. 职责规定

品控部负责编制《产品检验控制标准》,负责对订购物资送货前的质量监督和检验,负责对供应商提供样品质量的验证工作,并负责所有采购物资质量信息的收集、分析、反馈和处理工作。

4. 采购质量控制的基本原则

（1）必须向评定合格的供应商采购。

（2）采购前应提供有效的采购文件和资料。

（3）对突发所需的特殊物资和急用物资，可向未评定过的供应商采购，由品控部对物资进行验证，待验证合格后，即可进行采购。

5. 采购物资检验的依据

（1）采购部与供应商签订的采购合同。

（2）供应商出示的质量认证。

（3）供应商出示的产品合格证。

（4）采购物资技术标准。

（5）物资工艺图纸。

（6）供应商提供的样品和装箱单。

6. 采购物资的检验

（1）采购物资送货前，采购跟单部应以书面形式通知品控部进行检验。

（2）品控部检验专员负责对采购物资的抽样检验，按《产品检验控制标准》的规定进行检验，并填写相应的《产品检验报告表》。

（3）采购物资检验合格后，方可安排送货。

（4）若采购物资检验不合格，采购跟单部应及时与供应商进行沟通处理。

（5）本公司各有关部门配合采购部收集、分析和反馈采购物资的质量信息，必要时对供应商提出改进建议。

7. 影响采购物资检验方式的因素

（1）采购物资对产品质量、经营活动的影响程度。

（2）供应商质量控制能力及以往的信誉。

（3）该类物资以往经常出现的质量异常情况。

（4）采购物资对本公司运营成本的影响。

8. 采购物资检验方式的选择

（1）全数检验。适用于采购物资数量少、价值高、不允许有不合格品的物料或工厂指定进行全检的物料。

（2）抽样检验。适用平均数量较多、经常使用的物资。一般工厂的物资采购均采用此种检验方式。

（3）免检。适用于大量低值辅助性材料、经认定的免检厂采购货物以及因生产急用而特批免检的物资；对于后者，采购货物检验专员应跟踪生产时的质量状况。

9. 采购物资检验程序

（1）技术部编制《采购物资质量标准》，由技术部经理批准后发放采购检验人员执行。

（2）质量管理部编制《采购物资检验控制标准及规范程序》，经质量部经理审批后发放相关检验人员执行，检验的规范包括货物的名称、检验项目、方法及记录要求。

（3）采购部根据到货日期、到货品种、规格、数量等，通知仓储部和质量管理部准备检验和验收采购物资。

（4）采购物资运到后，由仓储部库管人员检查采购物资的品种、规格、数量（重量）、包装情况，填写"采购物资检验报告单"，并通知采购检验专员到现场抽样，同时对该批采购物资贴附"待检"标识。

（5）采购检验专员接到检验通知后，到标识的待检区域按《采购货物检验控制标准及规范程序》对采购物资进行检验，并填写"采购物资检验报告单"，交采购物资检验主管审核。

（6）采购物资检验专员将通过审批的"采购物资检验报告单"作为检验合格物资的放行通知，通知库管人员办理入库手续。库管员对采购物资按检验批号进行标识后入库，只有入库的合格品才能由库管员控制、发放和使用。

（7）采购检验专员储存和保管抽样的样品。

（8）检测中不合格的采购物资根据公司制定的《不合格品控制程序》的相关规定处置，不合格的采购物资不允许入库，由采购人员移入不合格品库，并进行相应的标识。

（9）如果是紧急采购物资，来不及检验和试验时，需按紧急放行相关制度规定的程序来执行。

（10）采购部按规定期限和方法保存采购物资检验的记录。

10. 采购物资检验结果处理

（1）经采购检验专员验证，不合格品数低于限定的不合格品个数时，则判定该批送检货为允收，采购检验专员应在"进料检验报告表"上签名，盖"检验合格"印章，通知仓储部收货。

（2）若不合格品数大于限定的不合格品个数，则判定该批送检货为拒收。采购检验专员应及时在"进料检验报告表"上签名，盖"检验不合格"印章，经相关部门会签后，交仓储部、采购部办理退货事宜。同时在该批送检货品外箱标签上盖"退货"字样，并挂"退货"标牌。

11. 需参考的相关文件

采购人员需参考的相关文件主要有《原材料入库单》《进料检验记录单》《供应商名单》以及相应的采购订单。

总之，正如俗话所说"没有规矩，难成方圆"，企业要做好采购品质的管理，就离不开一套切实可行的管理制度，从而帮助企业赢在制度、赢在采购品质。

采购验收质量管理

在采购活动中，物品验收是品质管控中一个非常重要的环节。其中，物品验收是指验收人员对照订购单或验货记录单上物品的品名、规格、数量、价格、质量等，并辅以必要的验收工具依次逐项进行检查，从而为企业提供合格的原材料。如果验收人员发现有不合格品，需要及时开具"采购不合格品处理记录表"（如下表6-3所示），与供应商及时反馈，并采取退换货的措施。

表6-3 采购不合格品处理记录表

品名		生产日期	
规格		数量	
采购日期		采购人	
供应商名称		不合格记录号	
不合格原因			
处理过程	过程监督人： 年 月 日		
审核	审核人： 年 月 日		

一般来说，每个企业都会对采购验收环节做出相应的管理规定。我们接下来列举若干验收环节的管理规定，以供参考：

1. 物品验收原则

（1）收货记录单填写要数字清晰、内容完整、计算准确。

（2）物品验收要做到及时，数量准确无误。

（3）严格按照物品合格的质量标准或提供的物品样本来验收。

（4）除直供物品外，其他验收的物品必须严格履行出入库制度。

（5）在验收过程中若发现问题，要积极反馈，确保信息畅通。

2. 采购员验收职责

（1）按照规定验收时间准时参与验收。

（2）货到后积极通知各验收部门或验收人员参与货物品的验收。

（3）验收过程中，对物品的到货情况给予关注和相关问题的解决，当供应商未按订购数量到货或未到货时，应督促其尽快补货或发货。

（4）协助使用部门对物品的到货质量进行把关，协助验货员严格对照"订购单"数量或重量验收。

（5）负责收集供货单位的资质及物品合格证、生产许可证等资料，并自行存档或交仓库区域存档。

（6）负责制定供应商考核管理细则，定期组织使用部门、财务部、采购部共同对供应商各项程序的执行情况及资信状况进行评比，对于连续评比优秀的，可适当给予奖励，对于连续评比较差的，取消其供货资格，另行选定合作者。

（7）负责在物品验收完毕后，督促相关部门和人员打扫验收现场卫生。

3. 仓库管理员验收职责

（1）负责入库物品的验收工作。

（2）验收时，主要关注入库物品的生产日期、合格证、生产许可证、保质期、批号、规格、产地等质量标准（参见国家标准）。

（3）验收后，及时将入库物品准确无误地输入库存管理系统，并将相关验收单据定期整理汇总上报财务部。

4. 使用部门负责人或指定人员验收职责

（1）按照规定的验收时间准时参与验收。

（2）主要负责购进物品的质量，确保所进物品能够满足企业的正常生产需求。

（3）依据本部门填报的申购单据逐项进行验收。

5. 采购验收程序具体规定

（1）验收员根据采购部交来的各部门"物品申购单"，填写"收货记录单"，逐项填写供应商名称、使用部门、收货日期、物品名称、单位名称、到货数量或重量在验收合格后再填写，验收价格根据审批后的询价表填写。同时，验收员应准备合格的验收工具（如电子秤、尺子等）。

（2）供应商将货送到后，采购员要及时通知验收员、仓管员、相关使用部门或专业人员到指定的验收地点集中进行验收。

（3）各验收人员严格按照各自的验收职责，分别对物品进行检验与核实。其中，申购单与实际收到物品名称、规格或质量不符的，则不予验收；超出"申购单"数量或重量的部分不予验收；若各验收人员对质量表示不同意见，由相关使用部门负责人决定是否接收，如接收，该相关使用部门负责人应签字确认。经签批过的申购单，不得对里面的内容进行删减与增添。

（4）进货检验发现不合格品时，检验员在"检验报告"中描述不合格品的类型及程度，同时在物料外包装上做"不合格"标识；仓管员将其放置在不合格品区域，做好标识和记录，通知采购部；采购部得到仓储部的通知后，联系供应商，协商解决，并以供需双方事先约定的不合格品处理标准作为处理依据，在"采购申请单"上详细说明，包括交货时间、检验标准、包装方式等。

（5）若采购方向供应商索赔无效，可依据合约要求仲裁；若仲裁无效，采购方可依据与供应商签订的采购合同等法律文件向法院提出诉讼。

一般来说，验收环节是采购中进行品质管理的最后一关。如果验收通过，意味着采购方要依照约定支付给供应商相应的货款，同时，采购的物品也将直接面临运用于正常的生产流程。对此，企业务必要加强对验收环节的品质管控。

采购质量，必须从源头控制

企业采购的货物源于供应商，基于此，采购方除了自身要做好品质管理，还要能够从源头对采购品质进行控制，也就是说，采购方要与供应商联合行动起来，从供应商开始就要严抓品质管理，只有"上游水清"，下游的水才有可能"清澈"，若上游"泥沙俱下"，下游再费力，也多是枉然。所以，我们接下来了解一些对供应商进行质量管理的方法，以备大家在工作过程中参考。

1. 制订联合质量计划

企业在采购商品时，不仅是购买商品本身，从某种程度上来说，还"购买"了供应商在产品设计、制造工艺、质量控制等方面的能力，因为，正是这些能力，构成了采购方获得的商品质量状态。所以，为了保障采购品质，供需双方就有必要协调起来，一个重要的办法就是制订联合质量计划。

一般来说，联合质量计划中主要包括经济、技术、管理三个方面。第一，经济方面联合的内容，主要是对成本、质量、交货期、使用费用等方面进行综合平衡，以便实现最佳成本。第二，技术方面联合的内容，主要包括两点：一是在产品设计上，供需双方要搞清技术条件要求的含义，识别对产品的安全性和功能起重要作用的质量特性，拟定关于可靠性及其他有关的要求，必要时还要提供感官检验标准；二是在工艺设计上，供需双方要明确关键工序的参数及其含义,确定相应的工艺设计和操作方法,制定加工控制程序表、设备维护保养表等。第三,在管理上,供需双方要建立迅速、灵敏的信息反馈系统,变单向沟通为双向沟通,综合提升采购管理水平。

2. 及时掌握供应商生产状况的变化

由于企业在经营中所面临的内外环境的变化,使得供应商的生产状况也会随之发生变化。因此,采购方要及时掌握供应商变化的情况,对于供应商发生的一些重大变化,应要求供应商向采购方予以报告。比如,供应商在产品设计和结构、制造工艺、检验设备等方面发生了重大变化,供应商就应及时向采购方报告。采购方在接到供应商的报告后,要分析情况,必要时应到供应商处直接了解情况,以弄清楚这些变化对产品质量的影响。在多数情况下,供应商变更产品设计,采取新材料、新设备、新工艺是为了提高商品的质量和生产效率,对保证商品质量是有益的,即便如此,由于任何改变都有一个适应的过程,在变更的初始阶段还是容易造成商品质量的不稳定,这就需要采购方通过加强最终检验和质量达标试验来更好地把关。

3. 向供应商派常驻代表

有的时候,为了直接从源头控制产品质量,采购方还会选择派常驻代表到供应商处直接掌握商品质量状况,也便于采购方向供应商提出具体的商品质量要求,并了解该供应商质量管理的有关情况,如质量管理机构的设置,质量体系文件的编制,质量体系的建立与实施,产品设计、生产、包装、检验等情况,特别是对出厂前的最终检验和达标试验要进行监督,对供应商出具的质量证明材料要核实并确认,从而起到在供应商内部进行质量把关的作用。这种向供应商直接派常驻代表的方法,有助于对供应商的商品质量进行全程、全面地检查和监督,从而及时发现问题,便于供应商及时返工,在一定程度上降低了供应商的质量成本,另外,也便于从源头发现问题、解决问题。

4. 对供应商定期进行排序

对供应商进行排序的目的，是为了评估供应商的质量及综合能力，以及为是否保留、更换供应商提供决策依据。在实际工作中，很多企业都会选择对供应商的综合服务质量水平进行排序，以此作为供应商管理的重要措施。在对供应商进行排序中，有些指标通常起到重要的作用，比如"质量保证合格率""商品投入后的质量缺陷反馈率""质量纠正的响应率""交货期履行情况""供应商协作配合度"等，一般来说，采购方通过在这些指标上给供应商评出相应的分值，作为对供应商排序的依据。排序周期一般为每季度一次或半年或一年一次。

5. 帮助供应商导入有保障的质量体系和方法

为了有效地控制供应商的商品质量，采购方还可以将自己总结出的或权威机构出具的、经实践验证的质量管理手段和方法系统地传达给供应商，从而主动帮助供应商导入优质的质量体系和方法，提升供应商的管理水平和技术水平，增强质量保证能力。一般来说，这对供应商的帮助是多方面的，既有利于提升产品质量，还有利于帮助供应商组织相关人员进行技术培训，以及设备改造，实现生产的标准化、规范化。举例来说，采购方鼓励供应商进行质量体系认证，贯彻ISO9000质量标准，采用六西格玛管理系统等，都有利于供应商从源头加强商品质量管理，解决影响商品质量的关键问题。

TQM：引入全面质量管理

20世纪60年代初，美国通用电气公司（General Electric Company，简称GE）全球生产运作和质量控制主管阿曼德·费根堡姆出版了《全面质量控制》一书，并在书中系统地提出了"全面质量管理"（Total Quality Management，简称TQM）的概念，这标志着全面质量管理时代的开始。

阿曼德·费根堡姆认为，"全面质量管理是为了能够在最经济的水平上，并考虑到充分满足客户要求的条件下进行生产和提供服务，把企业各部门在研制质量、维持质量和提高质量的活动中构成为一体的一种有效体系。"迄今为止，在质量管理领域，全面质量管理已经为世界范围内的企业所接受和认可。

全面质量管理，是指企业以产品质量为核心，以全员参与为基础，目的在于实现企业经营的总体目标而建立起的一套科学、严密、高效的质量体系，是改善企业运营效率的一种重要方法。在实际工作中，无论对采购方，还是对供应商而言，如果有效引入全面质量管理，都会有助于优化企业生产经营中的各个环节，从而让企业的质量管理工作获得明显改善。

总的来说，全面质量管理包含的基本方法可以概括为18个字：一个过程，四个阶段，八个步骤，数理统计方法。

所谓"一个过程"，是指企业管理是一个过程。企业在不同时间内，应完成不同的工作任务，企业的每项生产经营活动，都有一个产生、形成、实施和验证的过程。为此,企业要在不同阶段的子过程内,圆满地完成相应的任务。

所谓"四个阶段",是指根据企业管理是一个过程的理论,将管理过程划分为四个子阶段,也就是"计划(Plan)、执行(Do)、检查(Check)、处理(Act)"四个阶段,这四个阶段依次循环,每个大的管理过程结束后,又从一个新的管理过程开始循环,简称PDCA循环。

所谓"八个步骤",是指为了解决和改进质量问题,还可以将PDCA循环中的四个阶段具体划分为八个步骤,分别是:第一,在计划阶段,可分出四个步骤,即"分析现状,找出存在的质量问题""分析产生质量问题的各种原因或影响因素""找出影响质量的主要因素",以及"针对影响质量的主要因素,提出计划,制定措施";第二,在执行阶段,含一个步骤,即"执行计划,落实措施";第三,在检查阶段,含一个步骤,即"检查计划的实施情况";第四,在处理阶段,含两个步骤,即"总结经验,巩固成绩,工作结果标准化",以及"提出尚未解决的问题,转入下一个循环"。

在应用PDCA循环和八个步骤来解决质量问题时,需要收集和整理大量的资料,并用科学的数理统计方法进行分析,从而控制和改进质量水平。在运用数理统计方法时,通常会具体用到七个统计方法,分别是:

1. 调查表

使用调查表主要是为了系统地收集资料、积累信息、确认事实,还可以对数据进行粗略的整理和分析,主要是为了确认目标问题有没有或者该做的工作是否完成,以检查是否有遗漏。

2. 直方图

直方图是用一系列宽度相等、高度不等的长方形表示数据的图,长方形的宽度表示数据范围的间隔,长方形的高度表示在给定间隔内的数据。使用直方图,可以显示质量波动的状态,能较直观地传递有关过程质量状况的信息，也便于确定在什么地方集中力量进行质量改进工作。

3. 排列图

使用排列图有利于找出影响产品质量的主要因素，其步骤为：收集数据，即在一定时期里收集有关产品质量问题的数据；将收集到的数据资料，按不同的问题进行分类处理，并统计各类问题反复出现的频数，接着按频率的大小依次列成数据表，作为计算和作图时的基本依据；根据第二步得出的数据表，相应地计算出每类问题在总问题中的百分比，然后计算出累计百分数，并相应做出排列图，即根据上表数据进行作图。

4. 散布图

使用散布图可以通过分析研究两种因素的数据之间的关系，来有效地控制影响产品质量的相关因素。散布图在工厂生产中会经常用到，例如，零件加工时的切削用量与加工质量的关系，棉纱的水分含量与伸长度之间的关系，热处理时钢的淬火温度与硬度的关系，喷漆时的室温与漆料黏度的关系等。

5. 因果图

使用因果图有助于寻找质量问题产生的原因，从而在问题的更深层面予以解决。在使用因果图时需要注意的是，要对影响产品质量的五个方面去进行分析，即人、机器设备、原材料、加工方法和工作环境，再从中细化出更小的原因，越具体越好，直到可以采取相应的处理措施为止。

6. 控制图

使用控制图可以判断和预报生产过程中质量状况是否发生波动，并予以一定的控制，从而直接监视生产过程中的质量动态，具有稳定生产、保证质量、积极预防质量问题的作用。

7. 分类图

使用分类图是把收集来的数据按照不同的目的加以分类，将性质相同、在同一生产条件下收集的数据归在一起，从而使数据反映的事实更明显、更突出，有利于发现造成质量问题的真正原因。在具体分类中，可以参考的标准很多，比如按照不同的生产班次、工人的熟练程度、不同的温度条件等，总之要把不同质的问题清楚地分门别类，以便于找出原因所在。

总的来说，在运用TQM时，上述七种统计方法既可以单独运用，也可以组合运用，从而有效地分析、了解和提高企业的全面质量管理水平。当企业的全面质量管理水平提升时，处于其中的采购环节的品质自然也会"水涨船高"地得以提升。

通用电气公司的六西格玛管理

美国通用电气公司可谓在质量管理领域为世界做出了卓越的贡献。该公司不仅提出了TQM，还实施了六西格玛管理，从而开发出一整套高度有效的企业流程设计、改善和优化的技术。六西格玛管理在推动通用电气公司高效快速发展的同时，也成为全世界追求管理卓越性的企业极为重要的战略举措。

其中，西格玛的英文称谓为Sigma，是希腊字母 σ 的译音。西格玛是一个描述运作的结果与标准值之间偏差的数理统计术语，其计算方法是由具体运作人员将所加工的单位数量乘以每单位潜在的失误，除以实际出现的失误，然后再乘以一百万。这样得出的结果表示每百万次操作中所产生的失误。

若按此计算，六个西格玛的质量水平表示在每百万次生产和服务过程中仅出现不到3.4个错误，这已达到了99.9997%的精确度。当然，由于企业在质量管理上都需要一个逐渐提升的过程，所以有些企业刚开始的时候会实行"三个西格玛""五个西格玛"，直到"六个西格玛"。可见，"六个西格玛"（即六西格玛）实际上是一项以数据为基础，追求几乎完美无瑕的经营管理方法。我们平时说的"精益管理"从某种程度来说，就是六西格玛要达到的效果。

世界上率先采用六西格玛管理的企业是摩托罗拉公司，在摩托罗拉公司从开始实施的1986年到1999年的3年时间里，公司平均每年提高生产率12.3%，产品不良率却只有以前的1/20。尽管六西格玛管理在摩托罗拉公司初见成效，但是尚未引起世界范围内广大企业的重视，也未使六西格玛管理真正在全球范围的企业界流行并发展起来，直到1995年，美国通用电气公司前CEO杰克·韦尔奇在整个公司内开始推行六西格玛管理，由于通用电气公司通过六西格玛管理极大地提升了企业管理水平，再加上通用电气公司在全球企业界的巨大影响力，使得六西格玛管理在世界范围内流行起来，并受到广泛的重视。

通用电气公司把六西格玛管理应用于公司所经营的一切事务，如债务记账、信用卡处理系统、法律合同设计等。通过六西格玛管理，通用电气公司基本消灭了公司每天在全球从事生产的每一个产品、每一道工序和每一笔交易的缺陷和不足，显著地提升了通用电气公司的产品和服务质量。

通用电气公司在六西格玛管理中主要包括五项基本活动，即确定、估量、分析、改进及最终控制生产或服务的工序。这些活动通常都把重点放在提高客户的生产率和减少他们的资本支出上，同时也提高了通用电气公司自身的业务质量、速度和效率。

在六西格玛管理中，业务操作人的专业程度将会直接影响最终的质量。为此，通用电气公司在实施六西格玛管理的过程中，对公司内的全体员工进行了重新训练，通用电气公司要求所有员工，包括市场营销人员和勤杂工都要采用像工程师那样的思维和行为方式，从而确保所有的工序，包括电话应答、零部件装配，都要按照六西格玛的要求，使得出现误差的可能性缩小到3.4%以下，达到99.9997%的精确度。

我们在平时的工作中，常会提及"工作不打折扣""产品质量不打折扣"，那么如何才能确保"不打折扣"呢？六西格玛管理就是一整套行之有效的管理技术和方法。

通过全面实施六西格玛管理，通用电气公司的质量管理再也不是目标不清，或者只是笼统地说"质量有所改善"的实践，而是根据顾客的要求，将质量管理予以量化，从而切实提高顾客的满意度。为了确保六西格玛的有效实施，通用电气公司内经过严格培训出的、符合六西格玛标准的员工会时刻活跃于各种项目中，努力消除一切质量误差，确保执行"不走样"、不打任何"折扣"。

此后，六西格玛质量标准在通用电气公司分布在全球的各个业务部门中予以普及，促使通用电气公司这个拥有100多年历史的老牌企业重焕生机，终于在1999年达到了梦寐以求的经营目标：既要成为一家年收入超过1000亿美元的全球性大企业，又要具有小企业的灵活性，以及对客户的热情和重视，让企业"大而美"。

随着六西格玛管理在通用电气公司获得的成功，以及六西格玛管理在全球范围的推广，中国本土企业在2002年左右也开始运用六西格玛管理，比较早的一批企业有中远、哈飞、宝钢、春兰、海南航空、澳柯玛、上海烟草等，接着，越来越多的中国企业加入了六西格玛管理的阵营，包括TCL、美的、招商银行、华为等知名企业。

总的来说，我们从美国通用电气公司在六西格玛管理中的具体实践，以及六西格玛管理在全球企业界的推广中不难发现，企业界对质量问题日益"零容忍"，不仅要呼吁提升品质管理，更要通过切实可行的管理技术和方法来提升品质管理。

对于企业的采购工作来说，六西格玛管理的有效实施，让质量问题无处可藏，这对保障采购品质是很有帮助的。

采购品质管理案例集锦

一般情况下,采购方为了保障采购品质,供应商为了保障产品质量,双方通常都会在企业内部配置审核部门(如质检部)或审核人员,或者是采购方向供应商处派去审核员等,从而对物品或服务质量进行必要的审核。我们接下来通过"回放"品质管理中的若干案例,并辅以必要的分析,进一步了解如何在工作中切实提高品质管理水平。

案例1

在某企业采购部,审核员看到《采购部工作手册》中规定,采购部的质量目标是"采购物资合格率达到100%"。于是,审核员问采购部经理:"采购的物资能保证都是100%合格吗?"

采购经理说:"凡是不合格的物资我们都退货,所以进库物资可以保证100%合格。"

审核员又问:"你们对于退货的情况有记录吗?"

采购经理愣了一下,回答:"没有记录。"

分析:既然不合格的物资都退货,自然可以确保最终进库的物资是100%合格,但是,采购方如果希望了解供应商的供货质量,从而为供应商排序,仅靠"不合格的物资都退货",却没有相应的退货记录,就会难以对供应商进行排序,也不利于切实提高供应商的品质供应水平。所以,采购部应该记录供方进货物资的每一次交验结果，这实际上也是对供方的一次评价记录，每个月进行汇总分析，以便对供方合格率进行控制，还可以作为对供方质量进行评价的依据。

案例2

某润滑油厂希望通过质量管理体系认证，于是请来管理顾问公司到现场了解情况。在车间，管理顾问看到一个大的搅拌罐，下面用煤火加热。车间主任介绍说，这个罐里放的是基础油，需要加入添加剂，并且边加热边搅拌。

管理顾问问："为什么不用蒸汽或电加热，而用明火？"

车间主任说："由于我们目前资金紧张，就只好用煤火代替蒸汽加热。好在我们一直注意安全，因此没发生过问题。"

管理顾问说："这样做是明显违反安全规定的，应对加热设备进行更改。"

这时厂长插话说："别的公司也是这么做的，听说也通过了认证，应该没事的。"

分析：在生产安全管理中，在生产车间用煤火（属于明火）加热油罐，显然违反安全操作的规定。如果企业不改变这种做法，说明企业在基础设施方面资源配置不足，没有满足申请认证的基本条件。同时，这样的企业在经营方面存在隐患，一旦出现安全事故，采购方的供货需求也会面临中止；此外，供应商内部生产设施管理粗放，也会对产品质量造成不利影响。

案例3

审核员在某化工厂的硅酸钠生产车间，看到由销售部发来的出口型产品的生产计划单上，产品的参数名称均是用英文写的。

审核员问车间主任："你们懂英文吗？"

车间主任说："我们不懂，但我们对这种产品很熟悉，即便看数字也能猜到是什么。其实，我们以前去销售部反映过，希望加上中文，他们没有答复,我们后来也就不去问了,反正也能猜出来英文的意思。"

审核员又翻阅了以前的生产计划单,发现出口型产品的计划单都是用英文写的,而且没有任何中文诠释。

分析:"生产过程无小事",生产一线人员决不能靠"猜"去把握产品的一些质量参数,这存在很大的管理隐患。所以,销售部应该将出口生产计划翻译成中文,确保生产部门对生产计划不会产生歧义。

案例4

某企业生产系列高压硅堆,据该企业管理者说,他们生产的都是定型(标准型)产品,因此没有为产品安排设计开发的职能部门和人员。

审核员在现场看到一位技术员正在对某种新型高压硅堆进行测试,审核员问:"这是定型产品吗?"

技术员回答:"这是我们刚刚从外单位引进的新产品,目前正处于工艺调整阶段。"

审核员问:"你们对工艺的转化做了哪些工作?"

技术员回答:"由于我们从来没有生产过该类型产品,而且还要增加一些新的设备,再加上没有这方面的经验,我们在工艺科的指导下已经反复做了十几遍试验了,估计最近就可以取得成功。"

审核员要求查看相关技术资料,例如产品的立项、策划、工艺转化记录等,技术员说:"我们没有把设计开发纳入质量管理体系,所以这方面的记录也很不规范。"

审核员问公司经理:"为什么不把设计开发纳入质量管理体系控制?"

企业管理者回答:"听说质量标准对技术开发的控制要求很麻烦,所以我们干脆就不纳入管理了,以免管理低效。"

分析:一般来说,对引进工艺的消化、吸收、转化也存在着设计开发的工作,既然该企业要将整个生产过程全部纳入标准质量管理体系中,那么,对产品的设计与开发环节自然也要纳入,从而对其品质进行有效控制。

案例5

在某建筑装饰构件生产厂，产品是由水泥、沙子和各种添加物按配比搅拌均匀后，在模型中放入玻璃纤维布及加强筋，然后填入混合料制成。审核员在车间看到不少靠墙而立的产品。

审核员问检验员："你们检验这些产品了没有？"

检验员说："我们是百分之百检验，检验完一件就拉到外面场地去。这些还没有拉出去的产品是没有完成检验的产品。"

审核员问："有没有可能出现已经检验完而来不及拉出去的产品？"

检验员回答："有时候也可能有，但是我们都能记住哪些是检验完的。"

审核员看到现场的产品摆放比较混乱，根据检验员的描述，显然是有些产品检验完了，有些产品没有检验完，但是产品上没有任何检验状态的标记。

分析：这是产品检验状态标识不明的问题。即便检验员能记住产品的检验状态，但是由于现场到处摆放着产品，难免产生混淆的时候。对此，检验员可以用笔在检验合格的产品上打"√"，对不合格品在不合格部位打"×"，从而对产品的状态进行标识。

案例6

在某企业的《质管部工作手册》上规定："定期召开公司的质量例会，对各部门的质量情况进行讨论交流。"

审核员问质管部部长："你们多长时间召开一次质量例会？"

质管部长回答："一般是半个月开一次。"

审核员查看最近半年来的质量例会记录时发现，有两次会议时间的间隔都超过一个月。质管部长解释说："那两次是因为工厂正在赶任务，大家都很忙，所以时间就拖下来了，我们不是故意的。"

分析：定期召开质量例会是对质量管理体系进行监视和测量的一种有效手段，企业工作人员应该坚持按照规定，定期召开质量例会，要让规定落到实处，不应为不遵守规定寻找借口。

案例7

审核组在对企业管理层进行审核时，要求管理层代表对在质量管理体系中自身职责的履行情况进行介绍。

管理层代表说："我主要是起监督制度执行的作用，具体工作都由质管部组织进行，有什么不能解决的问题再找我。"

该企业的管理层代表由主管生产的副厂长兼任。

分析：在质量管理体系中，即便身为企业管理层的成员，也应遵守相应管理规范，决不能因为自己是管理者，就可以凌驾于规范和制度之上；再者，该管理层代表又兼任主管生产的副厂长，将质量管理体系的落实推到其他部门身上也不太合适。另外，该管理层代表既是生产组织者、管理者（主管生产的副厂长），又担任监督质量执行的作用，在岗位设计上有失公正性。

案例8

某厂声称其生产的产品执行了国家标准。相应的国家标准规定："产品的检测温度为25℃（±1℃），湿度＜60％。"在审核时，审核员发现该厂检验室并没有显示采用何种温湿度控制手段。

审核员问："温湿度问题是如何解决的？"

检验员说："上次审核时已给我们开出了不合格报告，由于考虑到资金紧张，而且同行业其他厂对该产品的检测也不考虑温湿度的影响，另外，该标准是推荐性标准，并非强制性标准，我们可以参照执行，也可以不参照执行，于是决定将该条件删除。"检验员出示了厂经理办公会的决定，的确是该厂取消了对温湿度检验的要求。

然而在销售科，审核员看到该厂与采购方签订的销售合同上，填写的产品执行标准仍然是该国家标准。

分析：国家标准有强制性和推荐性标准之分。强制性标准要求企业必须采用，否则即为不合格；对于推荐性标准，则是建议企业采用，没有强制要求。但是，如果企业对外声称，尤其是在合同中声称执行了国家的有关推荐性标准，那么该标准对于企业来说就变成强制性的了，否则就是违反了合同规定。案例中的该厂显然是违反了与采购方所签合同里的规定。

案例9

某建筑装饰构件公司对外承接楼宇室外的装修设计和饰品加工任务。在设计室，审核员看到员工们正在使用CAD（Computer Aided Design，计算机辅助设计）软件进行装修效果图的设计。设计室内共有工作电脑10余台。

审核员问工作人员："你们公司有多少台电脑？"

工作人员回答："大概有30台。"

审核员问："全公司都有哪些部门使用电脑？"

工作人员回答："技术、档案、财务、销售、车间统计、工艺等部门都有电脑。我们正在计划建立公司内部的局域网，以便实现管理的自动化。"

审核员问："你们经常上网吗？"

工作人员回答："是的，各科室都可以上网。"

审核员问："你们公司对电脑有没有主管部门？对于电脑的使用，例如上网下载文件、查杀病毒等有什么规定没有？"

工作人员回答："我们公司没有电脑主管部门，好在大家对电脑都很熟悉，有了病毒时，自己一般都能解决。"

然而在销售部，审核员发现由于电脑感染了病毒，电脑里存放的采购客户的重要档案信息丢失，销售员也正在为此而大伤脑筋。

分析：电脑管理是目前我国很多企业迫切需要解决的问题，由于电脑管理不善而影响企业正常经营的案例也时有发生。因此，凡是使用电脑工作的部门和人员，尤其是需要经常上网的部门和人员，一定要规范地管理电脑。对此，企业内部要确定电脑的主管部门和人员，制定严格的规章制度，对于电脑的使用，包括上网、查杀病毒、文件下载、文件备份，以及外来软件的使用等都要做出明确的规定，并由主管部门与人员定期检查。在当前信息时代，对于电脑的管理已经属于"基础设施"控制的重要组成部分，还属于"文件控制"，这是因为，电脑中的数据通常都是文件，甚至包括一些重要的文件。

案例10

某企业承接开关厂开关柜箱体的焊接加工，审核员发现焊点间距分布不均匀，便问工人："工艺指导书对于焊点间距有没有规定？"

焊工回答："工艺没有规定，我们都是很熟练的焊工，凭经验就知道应该掌握的焊接间距。"

审核员在查看《焊接工艺》时，看到对于箱体每边有焊接点数的规定，但是没有间距要求。然而审核员在检验科查阅《焊接检验规程》时看到这样的规定："焊点应该分布均匀，两点之间的距离应为10cm±2cm。"上述两份文件均由该企业的总工程师批准执行。

分析：本案例中，《焊接工艺》和《焊接检验规程》对焊接的要求存在不同，说明文件之间没有协调一致，在逻辑层面上存在冲突。发生这种情况，往往是由于领导在审批文件时，只当成是履行签字形式，并没有认真地把文件审查一遍，以便排除不合理或矛盾之处。

范本一：质量保证协议书

质量保证协议书

甲方（企业名称）：_____

乙方（企业名称）：_____

一、目的

为确保乙方供货质量的稳定，满足甲方用户的最终产品需求，防止不合格产品的出现，特签订本协议。

二、适用范围

本协议适用于甲乙双方。

三、关于合同（订单）的补充

1. 甲方向乙方下达的合同订单应当准确无误地标明产品名称、型号规格、交货期限、交货方式和质量保证期限。

2. 甲方如需要对已经下达，但尚未执行的合同（订单）内容进行更改，必须以书面的形式通知乙方，乙方应及时向甲方代表确认并纠正合同（订单）内容。

3. 甲方向乙方下达的合同订单，应附加工、购买产品的质量技术指标、要求。如甲方不能明确提出质量技术指标，可使用国家标准或由乙方代为提出，双方同意后形成书面协议。

四、质量标准的说明

1. 甲方通过图纸、标准或指定样件等方式，向乙方说明产品的质量标准。

2. 对甲方提出的质量标准有异议或者希望变更时，乙方须向甲方提出申请，进行协商确定。

3. 乙方向甲方提供的产品合格率不得低于_____%，质量保证期为_____年。

五、质量检查确认

1. 乙方根据双方协定的质量标准要求，出具乙方每批次的《产品出厂检验报告》，必要时，应甲方要求，乙方应提交乙方产品的《检验基准书》及其他有关该产品质量的证明资料给甲方确认。

2. 属双方协定或国家强制性检验的项目，甲方或乙方不能完成检验时，必须在甲方质量管理部门指定的国家试验机构进行，检验发生费用由乙方承担。

3. 甲方在认为必要的时候，可以随时到乙方的生产现场，对产品配套件进行检查，或是对乙方的质量保证体系进行监察。

4. 当乙方的生产场地或者关键工序、设备发生改变时，必须通知甲方并得到甲方的认可。

六、乙方的赔偿责任

对于产品发生的问题符合下面某一项时，乙方要负责本协议中"7.1"项所约定的赔偿责任。

（1）乙方产品完全不符合甲方的质量技术要求；

（2）乙方单方面原因不能按时交货，影响甲方产品的交货时间；

（3）乙方产品已验收，甲方在生产过程中发现乙方产品超过（含）3%不符合甲方的质量要求；

（4）由于乙方产品不合格引起的甲方产品售后维修、退货、运输等费用；

（5）甲方虽无法判断，却存在乙方出厂合格，而实际与要求质量不符合的问题，以及由此造成的其他问题。

七、索赔

1. 当乙方产品符合本协议第六项各子项内容时，乙方应按下述赔偿责任中的相应子项进行赔偿：

（1）乙方无条件接受退货，造成甲方误工的，乙方按甲方核定的损失承担误工费；

（2）承担甲方客户的索赔；

（3）乙方无条件更换不合格品，造成甲方误工的，乙方按甲方核定的损失承担误工费；

（4）乙方承担甲方核定的损耗费用，并承担甲方由此造成的全部损失费用；

（5）供货产品降价3%作为甲方挑选及误工管理费，并有义务承担不超过本批次货物价值一倍的赔偿。

2. 产品配套件发生的问题。甲方判断符合下面某一项，乙方可免去赔偿。

（1）甲方不与乙方协商，改变配套件结构或变更式样，由此引起的问题；

（2）甲方产品交给最终用户后，因产品的所有者或使用者不正当的使用、保管或擅自改变结构，由此引起的问题；

  （3）甲方提供给乙方的技术图纸缺陷引起的问题；

  （4）由于甲方不适当的使用修理引起的问题；

  （5）由于甲方保管不周或维护不好造成的问题。

八、其他规定

1. 本协议有效期一年。
2. 本协议一式两份，甲乙双方各持一份，未尽事宜，双方另行协商。

甲方：_____　　乙方：_____

代表签字（盖章）：_____　　代表签字（盖章）：_____

日期：___年__月__日　　　　　　　日期：___年__月__日

范本二：采购质量控制表

采购检验报告

编号：_____   填表人：_____   日期：___年__月__日

物资名称			规格		
批号			数量		
采购日期			到货日期		
供应商编号			供应商名称		
检验记录					
检验项目	检验标准	检验结果	合格	不合格	备注	总评
						□合格 □不合格
采购经理	质量控制主管		检验员		验收数量	□足量 □短缺

采购质量控制表

编号：_____　　　　填表人：_____　　　　日期：____年__月__日

采购单号	物资名称	采购数量	发货批次	检验批次	批抽检率	总抽检率	A类不良品占比	B类不良品占比	C类不良品占比	退货记录	质量等级	备注

第七章　采购人员绩效管理

世界著名管理大师彼得·德鲁克说："没有考核就等于没有管理。"对这句话深信不疑且身体力行的代表人物之一，就是曾让美国通用电气公司"起死回生"的杰克·韦尔奇。其实，管理往往是针对人性来"对症下药"的，从而"抑恶扬善"。对此，容易滋生"问题温床"的采购，以及对采购部人员的有效管理尤其不能例外。

然而，在采购工作中，人性的弱点往往是难以避免的，每个人都有惰性，也都有私心。我们要想提升采购管理水平，强化执行力，改进采购品质，就需要建立公平正义的奖励分配和惩罚约束机制，充分调动采购人员的积极性和主动性，因此，对采购人员进行绩效管理可以说是企业做好采购工作的基础。

采购工作的机遇与挑战

众多周知,中国被称为全球制造业的"加工厂",是国际供应链体系中的一个重要环节,很多国际采购巨头纷纷将中国地区作为其跨国采购业的基地。同时,随着企业采购、政府采购、国家采购的蓬勃发展,采购区域也由原来的区域性采购向全球性采购迈进,这使得市场对具有专业知识和技能的采购人员的需求量与日俱增。因此,高素质的采购人才正在成为很多行业的紧缺型人才。

一般来说,作为采购人员,可以与供应商进行深度交流,从而对供应商的整个生产流程和特点有深刻的认识。从某种程度上来说,采购人员在工作中对一个行业、一个企业的深入接触,是其他岗位难以比拟的。正因为这样,才会有人说:"采购工作接触的人多,了解的信息多,如果能有效整合这些资源,自主创业也并非难事。"当然,除此以外,采购人员努力做一个职业的采购经理人,或者升级到供应链管理等职务,也是不错的选择。

其实,更为重要的是,从事采购工作有利于使自己获得很好的锻炼,从而促进个人综合能力的快速成长,使自己在未来发展方面可以获得更多、更好的机遇。我们接下来了解一下从事采购工作所能带来的发展机遇:

1. 能够尽快熟悉商品,增长见识

采购人员要想采购到物美价廉的商品,就必须对商品有足够深入和广

泛的了解，只有这样，才会确保买到最适合的商品，这在无形中推动了采购人员去学习必要的商品知识，避免使自己在采购中"上当受骗"。同时，采购人员在工作中要与形形色色的人打交道，使得采购人员不仅要懂得商品知识，还要懂得待人接物、人际交往，这都可以丰富采购人员的见识。

2. 能够提高语言交流能力，增强个人魅力

采购人员通常会接触到各种各样的供应商，面对不同的人要采取相对应的语言沟通方式，久而久之，采购人员就会发现自己的语言表达能力有明显提高；由于同很多人交流，也有利于增强个人的社交魅力。

3. 能够培养起自己浓厚的责任心

采购人员在工作中不免要与供应商讨价还价，更要认真仔细，以免由于工作上的失误而给公司造成重大的经济损失。再者，如果是采购人员的问题，导致公司正当利益受损的，采购人员还要承担相应责任，因此，采购人员在工作中不能懈怠。同时，采购人员还能深入体会到做人的艺术，尤其是理解到承诺的重要性，从而培养自己"言必信，行必果"的优良品质。

除了上述能力发展方面的机遇，采购人员还可以经常接触到供应商企业中的负责人，这在无形当中也使得采购人员向优秀人士学习的机会增多了。

另外，采购人员在工作中也会面临一定"风险"，这些"风险"主要是由个人思想认识和工作思路的因素引起的。比如，身为采购人员，经常是供应商眼中需要"送礼打点"的对象，对此，采购人员一定不要迷失自我，务必洁身自好，不要收供应商的任何回扣或礼品。一般来说，采购人员收受供应商的"回扣"或"好处"，无论是否给企业造成损失，都是法律所不允许的，对于情节严重的，采购人员可能会被以"职务侵占罪"等罪名告上法庭，承担相应的法律责任。因此，工作在极有可能被"腐化"的"一线"采购人员，应当提升职业素养，严格按照相关法律法规和企业规定办事，不要心存侥幸，更不要逾越"雷区"，以免"一失足成千古恨"。

此外，采购人员一定要严格禁止借采购的"便利"，以公司名义私自购买个人物品，或者帮别人采购，从而损公肥私，这同样是违法的，是法律法规和企业规定所不允许的，同样会严重危害采购人员的职业生涯。

总之，从事采购工作有利也有弊，机遇与风险并存。为此，采购人员应树立良好的职业道德意识，规范采购，不断提升自己的职业素养，这才是采购人员的正路。

采购人员的KPI有哪些

在企业的采购工作中,企业不仅要对供应商的服务质量进行考核,也要对企业内部采购人员的绩效进行考核,从而规范对采购人员的管理。既然是考核,必然需要相应的考核指标,尤其是KPI(Key Performance Indicator,关键绩效指标)。那么,采购人员的KPI绩效考核指标通常有哪些呢?

1. 采购价格与成本指标

这主要包括参考性指标与控制性指标。参考性指标主要有年采购总额、采购人员年采购额及年人均采购额、各供应商年采购额及供应商年平均采购额、各采购物品年度采购基价及年平均采购基价等,它一般作为计算采购相关指标的基础,同时也是展示采购规模,了解采购人员及供应商负荷的参考依据,是进行采购过程控制的依据和出发点,常被企业管理层用来做参考;控制性指标是展示采购改进过程及其成果的指标,如平均付款周期、采购降价、本地化比率等。我们从中挑选几个子一级的指标予以阐述。

(1)采购价格指标。这包括各类原材料的年度基价、所有原材料的年平均采购基价、各原材料的目标价格、所有原材料的年平均目标价格、各原材料的降价幅度及平均降价幅度、降价总金额、各供应商的降价目标、本地化目标等。

(2)年采购额。这包括生产性原材料与零部件采购总额、非生产性采购总额（包括设备、备件、生产辅料等）、原材料采购总额占生产成本的比例等。其中最重要的是原材料采购总额，原材料采购总额按采购成本结构又可以划分为基本价值额、运输费用及保险额、税额等。此外，年采购额还可分解到各个采购员及供应商，算出每个采购人员的年采购额、年人均采购额，各供应商的年采购额、年平均采购额等。

（3）付款指标。这包括付款方式、平均付款周期、目标付款期等。

2. 质量指标

这主要是指对供应商的质量水平以及供应商所提供的产品或服务的质量表现的积极反馈，它包括供应商质量体系、来料质量水平等方面。其中，来料质量包括批发质量合格率、来料抽检缺陷率、来料在线报废率、来料免检率、来料返工率、来料退货率、对供应商投诉率及处理时间等；质量体系包括通过ISO国际质量体系认证的供应商比例、实行来料质量免检的物品比例、来料免检的供应商比例、来料免检的价值比例、开展专项质量改进的供应商数目及比例、参与本公司质量改进小组的供应商人数及供应商比例等。

3. 企划指标

这是指供应商在实现接收订单、交货过程中的表现及其运作水平。包括交货周期、交货可靠性以及采购运作的表现，如原材料的库存等。其中，订单与交货包括各供应商以及所有供应商平均的准时交货率、首次交货周期、正常供货的交货周期、交货频率、交货数量的准确率、订单变化接受率、季节性变化接受率、订单确认时间、交货运输时间、平均报关时间、平均收货时间、平均退货时间、退货后补货的时间等；企划系统包括供应商采用企划系统的程度、实行"即时供应"的供应商数目与比例、原材料的库存量、使用周转包装材料的程度与供应商数量、订单数量、平均订货量、最小订购数量等。

4．其他绩效考核指标

这主要指与采购及供应商表现相关的指标，如技术与支持能力，包括采用计算机系统处理行政事务，通过电子商务方式与供应商高效地开展业务合作，能用英文直接与国外供应商沟通等。

总之，企业采购部要梳理出对采购人员绩效考核的相应指标，从而有效地对采购人员开展绩效管理。

哪些采购人员易出问题

在实际工作中，采购人员往往容易出问题，究其根本原因，大多是一个字，那就是"钱"。我们已经知道，在企业的经营成本中，物料成本所占的比重很大，采购人员的职责就是将这些物料采购进来，这就使得采购人员经常面临大笔金额的交易。有时，在采购人员与供应商做买卖的过程中，供应商基于某种商业目的，会对采购人员施以某种诱惑，如送礼、请客等，在这种接二连三"糖衣炮弹"的攻击下，立场不坚定的采购人员很有可能被"打动"，甚至将相应的索要回扣的行为当成了采购中的"潜规则"，这样采购人员在采购事业上的发展就要面临挫折。

举例来说，曾经有一家商超集团的采购经理被内部调职，原因是采购腐败。原来，在超市界普遍沿用国际上一些大型连锁商超的不成文规定，也就是说，供应商进场（指供应商让自己的产品进入超市的销售渠道）时一定要交进场费、促销费、品类管理费等硬性费用，该商超集团自然也不例外。

在该商超集团旗下的超市里，一个产品进场费的起始价是2万元人民币，这是硬性支出，供应商是回避不了的。实际上，即便供应商交齐了硬性进场费，由于超市中产品种类繁多，同类型的产品之间也存在激烈的竞争，为此，供应商也总会想一些"出奇制胜"的办法。

其中，一个饮料供应商找到了该商超集团的采购部经理，并给这位采购经理送了不少好处费,作为交换的条件,采购经理加大对该饮料供应商的采购量,同时压缩对该供应商的竞争对手的采购量,由于该饮料供应商的产品在超市中"露脸"的频率增加,随之其销量也显著增加。

后来,这位采购经理受到另一位被挤压的饮料供应商的举报,鉴于该采购经理"受贿"额度不是很大,造成的危害不是很大,商超集团对其在内部予以处分,该采购经理被免去采购部经理职务,下放到集团旗下一个超市分店里做普通店员,同时向单位上交收受的所有好处费,并对现有供应商体系进行了整顿。

其实,在上述案例中,由于采购经理尚未造成足够大的危害,因此对其进行的处理主要在单位内部进行。在实际工作中,还有些采购人员,尤其是采购部负责人收受的好处费数额较大,甚至造成了严重的社会影响,从而被举报或报案后,遭到公安机关的逮捕,并被依法移送司法机关的案例也不少见。

采购人员在工作中出问题,大多是因为个人职业修养不足。"堡垒最容易从内部攻破",如果采购人员自身存在问题,这就会成为隐患。那么,采购人员怎样做,才能让自己不出问题呢?

1. 坚持原则

这是指采购从业人员在采购活动中,要严格依照规定的操作程序和法定的依据进行采购操作,依法办事,不丧失应有的原则立场,否则必定会产生各种暗箱操作、徇私舞弊、收受贿赂等不法行为。因此,坚持原则是每位采购工作人员必须要具备的基本素质要求。

2. 客观公正

这是指采购人员必须要公平正直,没有偏袒,表现在实际工作中,要求采购从业人员必须严格按照规定的条件和程序实施采购操作,对所有的供应商都一视同仁,不得有任何歧视性的条件和行为。

3. 诚实守信

这是采购人员做人、处事、干工作的基本准则。具体来说，采购人员要言行一致，不弄虚作假、欺上瞒下，严格遵守和兑现自己做出的承诺，在具体的采购工作中严格履行好自己的权利和义务，自觉抵制各种欺诈、串通、隐瞒等不法行为的滋生，从而最终起到保障各方正当权益的积极作用。

4. 爱岗敬业

采购从业人员只有热爱本职岗位工作，并在本职岗位上尽心尽力、尽职尽责，才能全身心投入到采购工作中；同时，采购人员要刻苦耐劳、兢兢业业、认真钻研采购业务，从而干好所从事的采购岗位工作。

5. 优质服务

在实际工作中，每位存在合作意愿的供应商都希望被采购方选中，因为这意味着供应商的销路得以扩展。然而，由于采购方通常会选择若干个供应商进行比较，这就使得有些供应商能够争取到客户，有些供应商可能争取不到。对此，采购人员要对所有供应商一视同仁，做到态度温和、语言文明、尊重事实、谦虚谨慎、团结协作，要确保最终的采购决策是基于客观综合评比做出的，而非对供应商主观上厚此薄彼，同时鼓励和尊重供应商集体进步，从而与供应商建立起和谐的关系。

6. 廉洁自律

在采购活动中，采购人员要清正廉洁，自觉构筑思想防线，这是遏止和抵制各种违法乱纪行为的重要前提。事实一再证明，采购人员一旦跨越了廉洁自律的思想防线，势必经受不住来自于各个方面的腐蚀和侵扰，从而出现收受贿赂、贪污、假公济私等违法现象，其结果既阻碍了自己的正常发展，又对单位和他人造成了伤害。所以，采购人员务必树立自我约束、自我规范、自我控制的觉悟，自觉增强抵制不正之风的能力。

最后，有句俗话说得好，"苍蝇不叮无缝的蛋"，采购人员唯有修炼好自身的各项基本功，增强自己"拒腐防变"的能力，才能让自己在职业生涯中获得更好的发展。

哪类产品易导致采购人员出问题

一般来说，企业采购产品的种类很多，能够导致采购人员出问题的产品种类也不尽相同。那么，采购哪些产品最容易出问题呢？我们根据历年来的统计将其分为生产性物资和非生产性物资两大类，并列出相应的清单，希望企业能够有针对性地加强对采购人员的管理。

1. 生产性物资

（1）采购量大的生产原料。生产原料通常是企业维持生产经营所必需的，采购量又大，这就使得采购数额往往也极为庞大。采购人员经手这么大数额的物资，供应商即便将一个"零头"的好处贿赂给采购人员，也是一笔不菲的金额，足以对人形成较大的诱惑力。因此，企业在这类物资的采购中，要强化管理。

（2）单位价值高的生产原料。由于单位价值高，使得价格上的一个微小波动，就可能会影响企业的成本多少。因此，企业对这类物资的采购同样要予以严加管理。

（3）采购量大的包装材料。可以说，任何产品都需要相应的包装，这就使得作为必需品的包装材料，在使用量上也很庞大。一般来说，数量大了，有了规模优势，总金额也会较大，同样需要引起企业的重视。

（4）单位价值高的包装材料。原因与上述相似，此处不再赘述。

（5）采购渠道单一的辅助材料。所谓辅助材料，是指间接地用于生产制造，在生产制造中起到辅助作用，但不构成产品主体的各种材料的总称。它分别包括：产体辅助材料，即在生产过程中使用后让主要材料发生变化，或给予产品某种性能，如染料、催化剂等；设备辅助材料，即维护生产设备所需要使用的材料，如润滑油、砂轮等；条件辅助材料，即改善工作地点环境的各种用具，如日光灯、扫帚等。

通常情况下，能够提供这些辅助材料的供应商数量很多，但在实际工作中，企业一般会选择其中一家进行长期采购。在这种情况下，企业要加强采购管理，预防供应商通过贿赂采购人员来获得供应资格。

（6）生产所用的能源物资，如燃油、燃煤、气体等。这些能源物资在耗用上具有持续性，即企业只要进行正常的生产经营，就需要耗用这些能源物资，因此数额通常较大；同时，企业为了确保能源物资标准的统一，往往在一个时间段内，所选择的供应商数目也是非常有限的。于是，企业同样要预防供应商通过行贿采购人员来获得交易。

（7）生产用的机器设备以及动力设备。这一般是大件商品，相应的采购数额也会很大，原因与上述相似，此处不再赘述。

（8）相关的备品备件及专用的工具用具。以汽车为例，火花塞、空气滤芯、燃油滤芯等备件，以及专用改锥等工具，不同的生产厂商、不同的产品规格等级，会使得这些产品的价格和质量存在较大的不同。企业要预防采购人员从中做文章。

（9）设备的维护保养外包。曾经有一家企业，其办公楼宇内中央空调的维修保养费一年高达百万元以上，该企业中央空调的维修保养业务实行外包。对于外包商来说，如果中央空调一年中不出质量问题，外包商一年可以净赚近百万元。这就使得几家外包商"瞄准"该企业的采购人员进行"公关"。因此在实际工作中，企业要加强对此类外包业务的管理。

（10）技术开发与质量检验所需的仪器与试剂。一般来说，企业在采用某款仪器与试剂后，从某种程度上来说，在一个时间段内不会轻易更换供应商,以保证检验设备标准的一致性。这使得供应商们为了挤走竞争对手,不由得采用各种办法来获得采购人员的支持。

(11)仓库的叉车与台车。这类设备价格一般较高,企业在购买时,为了后续维修保养方便,大多也是选择一家或极少数的几家供应商进行合作,这也成为供应商"争取"采购人员的影响因素。

(12)仓库的货架与托盘。原因与上述相似,不再赘述。

(13)运输外包。原因与上述相似,不再赘述。

2. 非生产性物资

(1)市场广告制作与投放。

(2)市场物资的采购,如宣传片、促销品、礼品等。

(3)工程项目的采购以及工程服务的外包。

(4)人力资源外包,如劳务工、培训等。

(5)财务的银行存款业务。

(6)行政外包,如饭堂、绿化等。

(7)废品回收。

总之,对于上述容易导致采购人员出问题的采购物资,一方面企业要加强管理;另一方面,采购人员要强化个人职业性,在采购工作中廉洁自律。

"三位一体"的道德采购

在治国策略上，存在"法治""德治"等说法，而在对采购人员的管理中，我们提出"道德采购"。那么，"道德采购"是什么意思呢？参考国内多位采购领域专家的意见，道德采购主要是指采购人员在采购工作中要以企业利益为重，规范自身言行，提高自身业务素质，坚持高尚道德水准，依法执行采购工作。

可见，道德采购对采购人员的要求是"德才兼备"，既要熟悉采购业务，能够胜任采购工作，还要有良好的道德水准。为了有效地实施道德采购，我们根据国内采购界长期以来的研究论述以及采购中实际工作的需要，提出了"三位一体"的方法，从而做好道德采购。

所谓"三位一体"，主要回答了三个问题：如何选用采购人员？如何管理采购人员？如何预防采购人员将来出问题？我们在解决这三个问题时，主要采取这三个相应的方法：选用采购人员时，务必重视采购人员的综合素质，尤其是任职资格；在对采购人员进行管理时，主要是根据采购人员绩效指标的完成情况，决定对采购人员的奖惩；在预防采购人员出问题上，我们要强化对采购人员的审计，必要时对采购人员的岗位进行轮换。

可以说，要想完善对采购人员的综合管理，并提升企业的采购工作水平，上述三个方面缺一不可。

我们知道，用好人的前提是选对人。那么，企业在选用采购人员时，如何确定一个人是否适合采购岗位呢？我们在这里引用一个国际上通用的ASK模型，来帮助我们快速了解一个人的任职资格。

ASK的全称为Attitude（态度）、Skills（技能）、Knowledge（知识）。其中，企业在选用采购人员时，一个人好的态度意味着其"想干"，思想积极主动而健康；技能和知识表示一个人"能干"。一个人既"想干"又"能干"，那么这个人胜任工作、把工作做好就有了很大的潜力。

可以说，ASK模型对于企业选用采购人员具有重要的参考价值。

我们在选用了对的人之后，还要对人进行有效的管理，依据其在工作上的表现，予以相应的奖惩，这就需要对其进行绩效考核与管理。实际上，对员工的绩效考核是为了引导员工正确的工作行为，从而确保企业目标的顺利实现。我们可以根据前面阐述的关于采购人员考核的若干KPI指标，来对采购人员进行有效的管理。

当我们选对人、用好人时，是否意味着采购中不和谐的问题就不会发生了呢？也不尽然，还要加上对采购人员的轮换与审计，从而避免提供令采购人员出问题的温床。具体来说，轮换包括内部轮换和外部轮换。内部轮换是指在采购部内部进行岗位轮换，比如，采购员甲过去长时间采购小麦，采购员乙过去长时间采购大豆，那么在一段时间后，安排采购员甲改做采购大豆，安排采购员乙改做采购小麦，这就能避免采购员由于同某个供应商过于"熟悉"而出问题，同时还有利于采购人员熟悉不同的采购物品，丰富不同种类的产品知识。

外部轮换是指采购部人员在不同部门之间进行轮换。一般来说，由于采购工作的专业性很强，需要专门的采购技术与技巧，采购职业能力的提升也非一朝一夕的事情，需要一个长期积累和培养的过程。因此，除了个别基于对企业干部培养的需要，企业不宜频繁地将工作人员在不同部门之间调动，而要强化普通员工的专业度。

同样，审计也有内部审计和外部审计之分。内部审计通常是企业的一项自查活动，由企业内部组织审计员进行审查，这是企业管理中的一项内部控制；外部审计主要是聘请外部第三方审计公司或咨询公司，对本公司内的多项工作，包括采购工作进行审计。一般来说，企业可以根据实际需要，搭配使用这两种审计方式，尤其是重点发展内部审计职能。

另外，为了有效地开展道德采购，企业还可以采取与采购人员签订道德采购协议，以及设置针对采购人员的投诉专线等措施，从而约束与指导采购人员在工作中进行道德采购。

采购必能回答的四个问题

一般来说,判断一个采购人员能否胜任采购工作,只需问对方四个问题即可。这四个问题依次是:

(1)为什么选择这家供应商?

(2)为什么是这个价格?

(3)如何进行合同管理与风险控制?

(4)如何进行一场双赢的谈判?

上面四个问题看似"简单",实际上囊括了采购人员的核心技能,也是一个采购人员在工作中经常要面临的问题。可以说,采购人员能够回答好这四个问题,从某种程度上来说,采购就具有了一定的"专业度"。

对于第一个问题,其实涉及"供应商选择评估和关系管理",需要采购人员具备一定的企业战略管理思想,而非仅回答"物美价廉"那么简单。一般情况下,开发和选择供应商所遵循的基本准则是QCDS原则。

QCDS是指Quality(质量)、Cost(成本)、Delivery(交期)、Service(服务)。采购人员在选择供应商时应该遵循QCDS原则,具体来说,采购人员首先要确认供应商是否建立有一套稳定有效的质量保证体系,并确认供应商是否具有生产特定产品所需的设备和工艺能力;其次是成本与价格,采购人员要运用价值工程的方法对所涉及的产品进行成本分析,并通过双赢的价格谈判实现成本节约;在产品交付方面,采购人员要确定供应商是否拥有足够的生产能力，人力资源是否充足，有没有扩大产能的潜力；最后，也是非常重要的一点，即采购人员要了解供应商的售前、售后服务记录，确保供应商能够提供优质的服务。

对于第二个问题，采购人员就要具备成本分析与价格控制能力。可以说，成本管理意识体现着一名采购人员深层次的水平，也体现着采购工作的终极价值。采购人员要能够分析供应商的经营成本，从而抽丝剥茧地理清供应商报价的构成以及合理性。

比如，供应商在报价方面，为了体现价格是以成本为基础的，采购方通常会要求供应商按照一定报价格式来报价，在这个报价格式中，一般就包括了价格是由哪些成本和费用组成的。除了让供应商自己报价，采购人员还要主动进行调查，形成与供应商报价的比对，从而判断供应商价格的合理性。

对于第三个问题，需要采购人员具备一定的合同法律与合同管理的知识，学会怎样通过合同管理来控制采购风险。其中，采购人员要懂得合同的形式与订立的原则，合同成立与合同生效，合同的无效与撤销，以及合同通常必须具备哪些条款等。

实际上，采购人员在工作中经常与采购合同打交道，为了通过合同有效管控采购风险，采购人员要懂得和掌握这些措施：对拟签订框架协议的供应商的主体资格、信用状况等进行风险评估，框架协议的签订应引入竞争制度，确保供应商具备履约能力；根据确定的供应商、采购方式、采购价格等情况，拟订采购合同，准确描述合同条款，明确双方权利、义务和违约责任，按照规定权限签署采购合同；对于影响重大、涉及较高专业技术或法律关系复杂的合同，应当组织法律、技术、财会等专业人员参与谈判，必要时可聘请外部专家参与相关工作；对重要物资验收量与合同量之间允许的差异，应当做出统一规定等。

对于第四个问题，也就是说，供需双方在合作中往往会有不同的利益诉求，采购人员则是有效整合双方的需求，使得供需双方实现一场双赢的合作。为此，采购人员经常需要与供应商进行协商和谈判，为了确保合作的健康开展，采购人员要致力于同供应商进行一场双赢的谈判。可以说，必要的谈判能力是采购人员不可缺少的一项能力。

最后，上述四个问题是采购人员在工作中经常要解决的问题，也是企业领导在了解采购工作状况时经常会问的问题，采购人员一定要能够熟练掌握。

采购人有哪些证书可以考

现在很多行业会有相应的证书可以考，并以这些证书作为行业准入门槛或者职业水准鉴定。对此，采购职业当然也不例外，由于主考单位和颁证单位的不同，当今国内外不少机构也提供了不同种类的证书供人们来考。

总的来说，我们通过对国内几个大的招聘网站（如智联招聘、中华英才网、前程无忧等）的调查发现，大多数招聘采购类职位的企业主要看重学历、行业背景、采购工作经验、人品、谈判能力、成本控制能力、质量管理技能与知识等因素，明确规定"应聘者必须持有某项采购认证证书"的规定还是极其少见的。由此可见，采购工作主要需要的还是经验和专业知识，而这需要通过用心学习才能具备。因此，采购从业者要具有一定的学习能力。

虽然大多数企业在招聘采购人员时，并未要求应聘者具备相应的采购证书，但是采购证书作为加分项，而且很多采购证书也能起到系统归纳以及总结采购知识和技能的作用，因此，根据个人情况考取相应的证书，对丰富个人知识体系也是个有益的选择。

另外，在有些地区和单位，采购人员持有相应职业证书，在评定职称等方面或许还会有用。为此，我们把时下比较流行的几种认证考试做个简要的介绍，以供大家参考。

1. 采购职业资格认证

采购职业资格认证共分四个等级，分别是采购员（国家职业资格四级）、助理采购师（国家职业资格三级）、采购师（国家职业资格二级）、高级采购师（国家职业资格一级）。采购职业资格认证各级证书由我国人力资源和社会保障部颁发。

我国人力资源和社会保障部（原劳动和社会保障部）规定，国家职业资格共分为五个等级，其名称与等级从高到低依次为高级技师（一级）、技师（二级）、高级技能（三级）、中级技能（四级）和初级技能（五级）。

2. CPM

CPM的全称是Certified Purchasing Manager，译为"采购经理注册"，该认证由美国供应管理协会（the Institute for Supply Management，ISM）于1974年推出，是被全球企业认可和推崇度极高的认证，在其推出以后的几十年里，已经成为采购行业的一个重要国际标准。CPM考试目前共分为四个模块，即采购流程（Purchasing Process）、供应环境（Supply Environment）、增值策略（Value Enhancement Strategies）和管理原理（Management），申请认证的只有全部通过测试才有资格通过。

3. CIPS

CIPS的全称为Chartered Institute of Purchasing and Supply，译为"英国皇家采购与供应学会"，该组织的认证即命名为CIPS认证。CIPS建立于1932年，其推出的CIPS注册采购与供应经理认证在国际上享有盛誉，截至目前，得到世界上120多个国家的认可和采用，并得到众多国际专业组织的广泛认可，还得到了众多著名大学的认可，如英国伯明翰大学、香港理工大学、澳大利亚昆士兰大学等。

4. CIP

CIP的全称为Certificate In Purchasing，译为"采购经理证书"，该认证由加拿大采购管理协会（Purchasing Management Association of Canada，PMAC）实施，参加CIP采购经理认证的人须向加拿大采购管理协会（PMAC）中国认证总部及各地代理培训机构索取申请资料，并提交报名资料；对于报名资料审查通过的，协会将通知符合要求的申请人参加培训课程，加拿大采购管理协会培训项目中国认证总部的认证处理时间集中在每年的6月、9月和12月。

上述认证考试仅供大家参考，具体报名时间、报名资格、报考费用，以及认证考试时间等问题请咨询相关机构。同时，鉴于有些认证考试的费用不菲，而且需要投入相应的时间和精力等成本，我们建议大家根据个人的实际情况慎重考虑是否选择认证。

采购人员职业规划：从菜鸟到行家

随着采购成为企业经营战略的重要组成部分，以及采购职能的日益重要，采购员正在成为职场上的一个热门职业而备受关注。在现实中，有些人对采购员的看法还停留在"只要会砍价、会跟单就合格"的"原始阶段"，这显然不符合时代、市场、企业对采购员综合能力的要求。

一般来说，一个专业的采购员，首先应该具备良好的道德修养和人格品质，这是采购职业的根本；其次，专业的采购员不仅要具备能和工程技术人员共事的能力，同时还是个谈判专家，是个良好的协调者；再次，专业的采购员还应具备丰富的税务知识和运输物流知识，甚至良好的多种语言沟通和国际合作能力有时也是必不可少的；最后，专业的采购员还要拥有良好的心理素质和优秀的管理技能。

很多时候，我们从对采购人员的绩效考核中发现，不少采购人员缺乏专业度的一个根本原因是，没有将采购作为专业领域来学习、研究和实践，缺乏在采购领域的职业生涯规划。正因为如此，一些采购人员虽然从事了一段时间的采购工作，但仍始终处于"菜鸟"阶段，并且常常在采购绩效考核中垫底儿。

接下来，为了促进采购人员，尤其是刚入行的采购人员实现从"菜鸟"到"行家里手"的蜕变，我们为大家提供采购领域的职业生涯规划，以供大家参考：

1. 采购员自我分析

一个人只有认清自己，才能做出正确的选择。为此，我们要对自己的性格、兴趣、志向、特长及管理能力做全面的分析。例如，采购员的职业需要有良好的表达和沟通能力，我们要分析自己是否有这方面的特质，如果没有，通过后天的学习与锻炼是否能够具备等。

2. 职业分析和选择

我们要对采购员职业的发展前景、工作性质、职责以及所需要的知识和技能进行充分了解，从而将自己的优势与职业需要吻合起来，清楚自己与目标职业间的匹配度。

3. 确定职业目标

一个人选择一个职业，要在这个职业中达到什么样的目标，通常是职业生涯规划的核心。一般来说，职业生涯目标根据时间长短，宜长、中、短期相结合，而且要确保目标符合SMART原则（Specific Measurable Attainable Relevant Time-bound，具体、可衡量、可达到、相关性、时效性）。

举例来说，我们的长期目标可能是采购总监或者高级采购顾问，中期目标是中层采购管理人员，短期则是成为一个合格的采购员。此外，可能有的人的长期规划是做个企业家或者其他身份的，但是长期目标都是经由短、中期目标一步一步过渡来的，不能好高骛远。

4. 选择职业发展策略

有了目标，还要有方法，这相当于有了宏观战略，还要有具体的战术才能实现战略。我们这里说的"策略"，相当于"方法"，具体来说，采购员可以通过职位轮换，有计划地调动岗位，使自己学习到其他领域的知识和技能，还可以通过认证与专业系统的学习，拿到"含金量"高的认证证书，相当于为自己"镀金"和"充电"。另外,采购的国际化趋势日益明显,世界市场的资源正在不断地深度整合,为此,采购员还应掌握必要的外语能力。

5. 制订行动计划

这里的行动计划,是指落实目标的一整套措施的组合,主要包含工作、培训、教育、轮岗等。处于当今互联网采购、全球搜索、电子目录、战略联盟和整合供应链的时代,采购员正在逐渐向复合型人才转变,需要掌握多项工作能力,如计算机技术、生产控制、库存管理、财务会计、经济学等,为此,采购人员要加强这些能力的学习从而让自己不断接近职业发展目标。

6. 评估、反馈与调整

曾子说"吾日三省吾身",这告诉我们,一个人要对自己进行必要的总结与评估,从而在总结中提高。因此,采购员也要经常对自身能力进行评估,对环境变化进行评估,并做出及时的反馈与调整。比如,工作中需要采购员具备新的能力,那么采购员就要及时学习与掌握。

总之,一个人在自己的职业生涯中究竟能够走多远,取决于一个人是否规划到了多远,想到才有可能做到,如果连想都没有想,连规划都没有,那么,我们又怎能知道应该将脚迈向哪个方向,以及在职业生涯中的每个关键期应该如何把握?基于此,采购员若有一个清晰、可行、有效的职业发展规划,就一定能够从"菜鸟"蜕变并发展为"行家"!

范本一：采购经理绩效标准表

采购部____年__月份绩效考核表（1）

被考核人：_____ 职务：<u>采购经理</u> 文件编号：_____

考核指标	考评内容	考评标准	权重	自评	测评	决定
工作纪律 (10分)	个人考勤	按时上下班与值班，服从工作安排。迟到早退1次扣3分，不服从安排或旷工者此项考核为0分。	6			
	遵章守纪	警告以上处分扣4分，奖励1次加4分。	4			

续表

考核指标	考评内容	考评标准	权重	自评	测评	决定
管理绩效（80分）	采购计划制订	主持采购部各项工作，提出公司的物资采购计划（特采除外）。未制订或没有具体的执行周期，不合格项每项扣2分。	10			
	物料采购管理	及时了解公司各部门物资需求及消耗情况，熟悉各种物资的供应渠道和市场变化情况，指导并监督员工开展业务。	10			
	存货周转管理	改进采购的工作流程和标准，通过尽可能少的流通环节，减少库存的单位保存时间和额外支出的发生，以达到存货周转的目标。不合格项每项扣5分。	15			
	异常问题处理及时性、协调速度和效果	监控跟踪采购计划的执行进度，对异常情况随时做出调整，并及时上报。出错1次扣1分，当月连续4次发生未及时处理事件，此项考核为0分。	10			
	采购物料价格合理性	采购成本下降率，公司目标达成得满分。	15			
	管理有效性	定期或不定期组织本部门人员进行分析讨论、总结经验，以改进工作方式，提高效率，降低成本。每月至少2次对部门内人员进行岗位技能培训，少1次扣5分。	10			
	采购原则	稽核部门内的采购流程遵守原则：对所选样的规格、质量全权负责，采购比价建立"货比三家"，确保价格/品质的可比性。不合格项每次扣3分。	10			
其他考核（10分）	扣分因素	通知开会及学习迟到、早退1次扣1分，无故缺席1次扣3分。	3			
	执行力	公司部署的临时工作任务，在规定完成时限内未落实的，1项扣2分。	5			
	协作性	不配合、不响应其他部门的正当工作请求，以及完成质量差的，出现1次扣2分。	2			

续表

考核指标	考评内容	考评标准	权重	自评	测评	决定
奖励	特殊贡献奖励	当月有（本职或部门以外工作）具体事迹者，为公司节约成本或创造效益之情况，可加2～10分。				
		具体事迹描述：				
最终考评得分：						

核准：_____　　审核：_____　　制定：<u>行政部</u>

范本二：采购员绩效考核表

采购部＿＿＿＿年＿＿月份绩效考核表（2）

被考核人：＿＿＿＿＿＿　　职务：采购员　　文件编号：＿＿＿＿＿＿

考核指标	考评内容	考评标准	权重	自评	测评	决定
工作纪律(10分)	个人考勤	按时上下班与值班，服从工作安排。迟到早退1次扣3分，不服从或旷工此项考核为0分	6			
	遵章守纪	警告以上处分扣4分，奖励1次加4分。	4			
管理绩效(80分)	采购物料质量合格率	目标≥99.5%。每低于目标1%扣2分，不足1%的按1%算；低于94%的此项考核为0分。	10			
	采购物料及时率	目标≥98%。每低于目标1%扣2分，不足1%的按1%算；低于95%的此项考核为0分。	10			
	生产支持	影响1次扣2分，当月连续4次发生影响生产事件，此项考核为0分。	15			
	异常问题处理及时性、协调速度和效果	出错1次扣1分，当月连续4次发生未及时处理事件，此项考核为0分。	10			
	采购物料价格合理性	公式： （1＋实际达成率－5%）×15%	15			
	采购原则	采购比价建立"货比三家"，确保价格/品质的可比性。	5			
	个人管理有效性	交期预警及采购交期进度反馈及时处理；供应商信息资料管理完整性；供应商付款处理情况；问题记录、解决及沟通；询比价工作的执行情况；规范管理档案，呆料和退货及时处理；合理库存量控制。不及时或未处理者每次扣2分，4次及以上者此项考核为0分。	15			
其他考核(10分)	执行力	部署的临时工作任务，在规定完成时限内未落实的，1项扣2分，2次及以上者此项考核为0分。	5			
	协作性	不配合、不响应其他部门的正当工作请求，完成质量差的，出现1次扣2分。	5			
奖励	特殊贡献奖励	当月有（本职或部门以外工作）具体事迹者，为公司节约成本或创造效益之情况，可加2～10分。 具体事迹描述：				

最终评价得分：

核准：＿＿＿＿＿＿　　审核：＿＿＿＿＿＿　　制定：行政部

第八章 持续降低采购总成本

我国民间有句俗话:"挣的没有省的准。"也就是说,市场通常难以预测,企业的营业收入具有一定的不确定性,作为企业经营的利润,一般是营业收入减去成本后的结果,假如企业能够通过一系列环节节省下不必要的支出,就能有效地降低成本,改善企业的盈利状况。在企业经营成本中,采购环节占到60%左右,如果能够持续降低采购总成本,无疑会在很大程度上改善企业经营。

当然,降低采购总成本,并非简单地依靠降价那么简单,而是深入分析企业经营中的各个环节,提高采购的精准度,优化采购流程。相对来说,成本控制的主动权掌握在企业的手里,通过降低采购成本,可以提高企业的利润率,还可以有效地降低成品的整体价格,从而为广大消费者提供物美价廉的商品,有助于增强企业的生命力。

企业采购成本的构成

采购支出在企业经营成本中占有很大的比重。在采购支出中,企业除了付出的货款以外,还支出了哪些成本呢?作为专业的采购人员,我们还要看到企业为开展采购活动而发生的各项费用,这也是采购成本中的重要组成部分。这些采购成本主要包括三项,即订购成本、维持成本和缺料(或缺货)成本。我们接下来看这三项采购成本的含义与构成。

1. 订购成本

订购成本是指企业为了完成某次采购而进行的各种活动的费用,比如采购人员的办公费、差旅费、邮资和通信费等各项支出。这部分费用在企业经营中通常以下述名目出现:

(1)请购手续费用。这是指因请购活动而发生的人工费、办公用品费以及存货检查、请购审查等活动所发生的费用。

(2)采购询比价费用。这是指采购人员对供应商进行调查、询价、比价、议价、谈判等活动所发生的通信费、办公用品费、人工费等。

(3)采购验收费用。这是指采购人员参与物料(或货物)验收所花的人工费、差旅费、通信费、检验仪器、计量器具等所发生的费用。

(4)采购入库费用。这是指入库前的整理挑选费,包括挑选整理过程中发生的工费支出和必要的损耗损失。

（5）其他订购成本。这是指发生在订购阶段的其他费用，如结算采购款项所发生的手续费用等。

2. 维持成本

维持成本是指企业为保有物料或货物而开展的一系列活动所发生的费用。这部分费用在企业经营中通常以下述名目出现：

（1）存货资金成本。这是指因存货占用了企业的资金，而使这笔资金丧失使用机会所产生的成本。

（2）仓储保管费用。这是指物料（或货物）存放在仓库而发生的仓库租金、仓库内配套设施费用，以及因仓库日常管理、盘点等活动而发生的人工费等。

（3）装卸搬运费。这是指因仓库存有大量物料（或货物）而增加的装卸、搬运活动所发生的人工费、搬运设备费等。

（4）存货折旧与陈腐成本。这是指存货在维持保管过程中因发生质量变异、破损、报废等情形而发生的费用。

（5）其他维持成本。这是指发生在维持阶段的其他费用，如存货的保险费用等。

3. 缺料（或缺货）成本

缺料（或缺货）成本是指企业因采购不及时而造成物料或货物供应中断所引起的损失，包括停工待料损失、延迟发货损失、丧失销售机会损失以及商誉损失等。这部分费用在企业经营中通常以下述名目出现：

（1）安全库存及其成本。这是指企业因预防需求或提前期方面的不确定性而保持一定数量的安全库存所发生的费用。

（2）延期交货及其损失。这是指企业因缺料（或缺货）而延期交货所发生的特殊订单处理费、额外的装卸搬运费、运输费及相应的人工费等。

（3）失销损失。这是指企业因缺货致使客户转向购买其他产品而引起的直接损失。

（4）失去客户的损失。这是指企业因缺货而失去客户，也就是说，客户永久地转向另一家企业，并由此给本企业带来的损失。

另外，上述三项采购成本各自还可以拆分为固定成本和变动成本。比如，在订购成本中，采购部常设的基本开支变动性很小，称为订购的固定成本，而差旅费、通信费等则处于变动之中，称为订购的变动成本。我们通过深入了解采购成本的构成，有助于我们在采购工作中努力降低不必要的支出成本，强化成本意识。

采购成本分析中的VA/VE法

VA的全称为Value Analysis，译为"价值分析"；VE的全称为Value Engineering，译为"价值工程"。VA与VE是美国通用电气公司在20世纪40年代提出来的，最初用于解决防火材料石棉的问题。日本在20世纪50年代，组团赴美考察时，得悉此项降低成本的工具，便将VA/VE导入日本，随后推广开来，成为一套更加成熟的价值分析方法，并很快扩散到各个领域的实际应用中。

一般来说，VA/VE主要是为了在保持产品的性能、品质及可靠性的前提下，凭借系统而有条理的改善，予以改良设计，或者变更材料种类、形态，或者变更制造程序、方法，或者变更材料来源，从而以最低成本获得产品必要的功能和品质。

就概念上来说，VA与VE有着细微差别。VA是基于待采购产品对于企业的价值，以最低的成本获得产品的理想功能；VE则是通过对采购产品或采购过程服务的功能加以研究，以最低的生命周期成本，通过剔除、简化、变更、替代等方法，来达到降低成本的目的。

由于采购的产品在设计、制造、采购的过程中往往存在一系列无用的成本，因此采用价值分析和价值工程的方法，便是在确保产品正常功能的情况下，消除无用成本，从而有效降低采购成本。

在VA/VE法中，有一个著名的价值公式，即：

$$V=F/C$$

公式中，V为Value（价值），F为Function（机能），C为Cost（成本）。V与F成正比例，与C成反比例，也就是说，产品的机能越强，给企业带来的价值就越大；产品的成本越高，给企业带来的价值就越小。通过价值分析，使得企业实现"成本最小化、价值最大化"。

举例来说，一个汽车整车厂在采购配件螺丝的时候，螺丝有铁的，也有铜的。已知铁螺丝和铜螺丝在满足企业该项特定需求方面的功能是一致的，其中，铁螺丝的成本为0.2元，铜螺丝的成本为0.3元，两者相比，铁螺丝给汽车整车厂带来的价值更大些，所以该汽车整车厂采用铁螺丝对于降低成本更有利。

通常情况下，VA/VE法作为一套比较完善的成本管理技术，在实践中也形成了一套科学的实施程序。这套实施程序实际上是发现矛盾、分析矛盾和解决矛盾的过程。VA/VE法通常会在逻辑上按照以下七个步骤展开：

第一步，这是什么？选定价值分析的对象。

第二步，这是干什么用的？通过搜集足够的情报资料，对产品用途（机能，价值公式中的F）产生深刻的认识。

第三步，它的成本是多少？了解产品的成本（价值公式中的C）。

第四步，它的价值是多少？通过价值公式，了解产品带给企业的价值（V）。

第五步，有其他方法能实现这个功能吗？运用价值工程（VE）思想，提出改进方案。

第六步，新的方案成本是多少？功能如何？再次运用价值分析（VA）的方法，了解产品的成本和功能。

第七步，新的方案能满足要求吗？分析和评价方案，评价方案成果。

一般而言，我们在采购工作中，提高待采购产品给企业带来的价值，有五种基本途径，分别是：

（1）功能不变，降低成本，提高价值。

（2）功能有所提高，成本不变，提高价值。

（3）功能略有下降，成本大幅度降低，提高价值。

（4）提高功能，适当提高成本，从而提高价值。

（5）提高功能，降低成本，大幅度提高价值。

在工作中，我们可以根据实际情况，选择能给企业带来更大价值的适当方法。

采购中的"5R"原则

企业在采购过程中，通常遵循哪些原则，能使采购效益最大化呢？我们在此介绍采购界广泛运用的"5R"原则，即在适当的时候，以适当的价格，从适当的供应商处，买回满足企业所需功能和数量的物品。

"5R"原则是指适时（Right Time）、适质（Right Quality）、适量（Right Quantity）、适价（Right Price）、适地（Right Place）。我们结合采购工作，来了解5R原则。

1. 适时（Right Time）

在实际工作中，若企业已安排好生产计划，原材料却未能如期交付，往往会引起企业内部的生产混乱，即导致产生停工待料，当产品不能按计划出货时，则可能会引起客户的强烈不满；若原材料提前于生产安排时间送到，放在仓库里等着生产，又会造成原材料库存过多，大量积压采购资金，这通常是企业很忌讳的事情。因此，采购人员要扮演协调者与监督者的角色，促使供应商按预定时间交货。

2. 适质（Right Quality）

在当今激烈的市场竞争环境中，一个不重视品质管理的企业，会难以在市场中立足。为了改善产品品质，企业必须要在采购环节就注重品质管理，否则，由于采购物品的品质达不到规定的使用要求，会给企业带来严重的后果。比如，来料品质不良，往往导致企业内部相关人员花费大量的时间与精力去处理，在重检、挑选上花费额外的时间与精力，导致生产线返工增多，有可能引起不能按承诺的时间向客户交货带来的风险，以及客户的丧失等。所以，我们在采购环节一定要做好品质管理。

3. 适量（Right Quantity）

采购的数量过多会积压采购资金，增加仓储成本，影响采购的总成本；采购数量过少又不能满足生产需要。所以确定合理的采购数量就极为关键。在采购中，最理想的状态是"需要多少买多少，不多不少刚刚好"。

4. 适价（Right Price）

价格永远是采购活动中的敏感焦点，也是企业在采购活动中最为关注的一个要点。为此，采购人员往往在价格问题上付出较多的时间和精力。尽管"双赢"是供需双方追求的共同结果，但是在采购中确定一个适当的价格，并不是一件容易的事儿，这通常需要做出一系列努力才能达到。比如，采购人员要"货比三家"，多渠道获得报价，从而对采购物品的市场价有一个比较清晰的了解，便于从中进行比较；接着，采购人员还要通过与供应商进行多轮议价，最终确定供需双方都可以接受的价格。

5. 适地（Right Place）

在日本的准时生产方式（Just In Time，JIT）中，对供应商的选择有一个重要的因素，那就是"就近"原则。因为距离较近，采购方才能更为便捷地从供应商处获得原料支持，从而更快地响应市场需求。基于此，采购活动中有一个重要的概念，即"采购半径"，是指供应商距离采购方指定到货地点的平均距离。采购半径越小，意味着距离越近，交货期就越有保障；采购半径越大，意味着距离越远，考虑到运输途中的意外情况，交货期就越难以保障。所以，企业在选择供应商时，比较适宜选择距离较近的供应商，这既可以使供需双方沟通更为便捷，还可以有效降低物流成本。

举例来说，据统计，很多欧美企业刚来我国投资建厂时，95%以上的生产原料都是从国外运来的；现在，在我国投资建厂的欧美企业所需的原料有95%左右是在我国国内采购的，在很大程度上实现了采购本地化与采购半径最小化。

总而言之，5R原则在实际运用中简捷有效，对于帮助我们降低采购成本有着积极的作用，也是指导我们进行采购的有益思路。

三步掌握采购成本分析

采购作为一项专门技术，其中尤为核心的莫过于成本分析，因为成本分析对于降低采购成本起着非常重要的作用。那么，在采购工作中，有没有简捷高效的方法呢？在此，我们介绍一个"三步分析法"，即通过三个步骤，帮助采购人员快捷地对采购成本进行分析。这三个步骤依次是：

1. 分析企业产品的成本结构

对于一个企业来说，往往会同时经营多种产品，不同种类的产品，为企业销量和利润带来的贡献值通常是不一样的。一般来说，企业通常既有自己的主销产品，也有次销产品。主销产品一般能够占到企业总销量的80%左右，为此，对于那些越是好卖的产品，越是要降低其成本，会对降低总成本有着更为显著的作用。

因此，分析企业现有的产品结构，确定主销产品及其成本结构，有助于使我们确定削减成本的正确方向。一般来说，在主销产品的成本结构中，材料成本的比例往往很大，有效降低材料成本，就能有益于降低主销产品的成本，从而降低总成本。在降低材料成本方面，我们提供三种方法：

（1）降低材料价格。既然材料成本所占的比例很大，那么降低材料价格，自然是一个较为直接的方法。在实际工作中，采购方要实现一定规模采购，供应商一般才会适当降低价格。另外，采购方还不能仅仅关注单价，更要关注总成本,即关注材料的生命周期成本。其中,材料的生命周期是指采购方与供应商谈好单价,到材料交付、运输、检验、储存、使用,转化成相应的产品,直至产品被客户接受或者被客户投诉并处理完投诉的整个过程。生命周期成本便是附加在材料单价之上的各种费用支出之和。这其实在告诉我们:追求降低单价的前提,是关注材料的总成本,这样才能避免顾此失彼。

(2)减少材料用量。主销产品上耗用的材料用量减少了,也会有利于降低材料成本,但是这样做务必确保生产过程不受影响,绝不能牺牲产品的正常功能和质量。为此,企业可以通过调整生产工艺,改造设备,加大对材料的利用率来实现。

(3)采用新材料。企业可以采用价格更低、功能相近、符合使用要求的新材料替代旧有材料。同样,更换旧材料的前提是,不能牺牲产品的正常功能和质量。

2. 制定企业的分解报价表

举例来说,一个饮料厂需要采购饮料包装瓶,找来三家供应商进行报价,第一家报价每个饮料瓶0.29元,第二家报价0.31元,第三家报价0.28元。饮料厂的目标价位是每个饮料瓶0.27元。那么,饮料厂如何从这三家供应商中进行选择,并将价格降到期望的0.27元呢?

这里有一个方法,那就是,饮料厂让这三家供应商提供分解报价表,也就是说,三家供应商报的价格,具体可以分解为哪些费用,如瓶身、瓶盖、单位工时、折旧分摊以及三大费用(销售费用、管理费用和财务费用)等。一般来说,供应商对报价分解得越彻底,报价构成的项目越细分,不同报价之间的差异点就会越多;差异点越多,采购人员在谈判时获得降价的机会就会越多。这是因为,采购人员可以向多个认为不够"合理"的价格构成项目"进攻",从而达到降价的目的。

3. 重点关注总成本分析

我们在前面已经提到，在采购时，要关注总成本分析。其实，这个思路是贯穿整个采购过程的。对于一般的生产性材料来讲，总成本包括六个部分，即购买成本、运输成本、检验成本、仓储成本、品质成本与交易成本。此外，对于固定类资产的设备或生产线而言，总成本还包括运行成本、维护成本、售后服务成本以及处置成本。

总之，我们在分析采购成本时，要思路清晰，步骤系统且有条理，这对增强我们的采购能力是很有裨益的。

商务渠道降成本

在降低采购总成本方面,通常有多个渠道,那么,企业如何通过商务渠道降低采购总成本呢?一般情况下,商务渠道降成本的方法有竞争性谈判、鼓励供应商之间的竞争、招标采购、调整付款方式、延长付款时间、优化运输管理等。我们接下来对这些方式逐一进行介绍。

1. 竞争性谈判

曾经有人这样形容采购:采购的日常事务主要是找货源,谈判,再找货源,再谈判,反复循环。这从某种程度上揭示出谈判对于采购的重要性。一般来说,衡量谈判是否成功,主要看其是否同时满足三个条件:一是签署一个双方都认可的、有效力的协议;二是要看谈判者花了多长时间去达成这个协议,是否能够满足企业对时效的要求;三是在签署协议后,能否维持双方和谐的关系,确保协议有效地顺利执行。应该说,采购人员在进行谈判时,要力争实现这三个条件,从而确保谈判的成功。

2. 鼓励供应商之间的竞争

供应商之间的合理竞争,有利于降低产品价格,甚至提高生产效率。在实际工作中,采购方鼓励供应商之间合理竞争的方法,主要是差异化和低价格。比如,供应商之间产品的功能差异、外形设计差异、服务差异、价格差异等，都可以促使供应商之间展开竞争。为了鼓励供应商之间的合理竞争，采购方要做到对供应商一视同仁，注重对新供应商的开发，并且运用新供应商的竞争优势与现有的供应商进行竞争性谈判。另外，鉴于更换供应商需要付出一定成本，而且存在一定风险，采购方要慎重更换供应商，引进新供应商很大程度上是为了取得谈判优势，以降低成本，同时激发供应商提供更有竞争力的产品、服务和价格。

3. 招标采购

企业常用的招标采购方式有两种：一种是公开招标，另一种是邀请招标。公开招标是招标方以招标公告的形式邀请不确定的供应商投标的采购方式，其基本特征是供应商的数目较多或者不确定；邀请招标是指招标人以投标邀请书的方式直接邀请特定的潜在投标人参加投标，并按照法律程序和招标文件规定的评标标准和方法来确定中标人的一种采购方式，邀请招标的基本特征是供应商数目较少或者已经确定。

一般来说，招标采购有利于激发起供应商之间的竞争，规范采购行为，使得采购方在一定程度上降低采购价格，获得更多的额外服务。同时，招标采购中的公开招标，由于通常是面向全社会范围，还有利于采购方开发更多的潜在供应商。

4. 调整付款方式

采用适当的付款方式有利于降低采购成本，常见的付款方式有"先款后货"，也就是供需双方签订合同后，采购方立即一次性付款，款到后发货，这种情况下，供应商一般占有强势地位；还有"先货后款"，供需双方签订合同或订单后，货到后才付款，这种情况下，采购方比较强势；还有"收取保证金"的方式，一般是收取货款的10%为质保金，质保期到后无问题再付。

5. 延长付款时间

企业在经营中总会出现"应收款"与"应付款",对于企业来说,"理想"的状态是"应收款尽早收回,应付款延迟付出"。其中,延长付款时间可以为公司争取更多的现金流,有利于提高资金效率,减少资金占用成本。

6. 优化运输管理

企业在采购合同或订单上要清楚说明运输要求,比如运输量、运输价格、运输距离、运输路线、运输目的地、到达时间等,从而控制运输的质量、效率与成本。此外,双方还要明确规定运输费用由哪方支付。

此外,在商务渠道降成本的方法中,还有反向拍卖等方式,即采购方居于主导地位,在一些信息平台,如网站上给出要采购产品的详细规格描述,然后多家供应商依次出价,最后采购方与报价最低者成交。当然,采取这种方法时,采购方还要确保采购品质。

总之,商务渠道降成本的方式在实际工作中有很多,采购人员可以边工作、边发现、边总结。

采购流程优化降成本

采购通常是企业为了进行正常生产、服务和运营,而向外界获得原材料和服务的行为,是企业产品增值过程的起点。基于此,采购流程作为企业业务流程的始端和重要组成部分,并不仅仅是从市场上购回所需的物料,而是一种"外部制造的管理",也就是要把组织的生产能力和制造能力扩展到供应商身上,充分利用企业自身不具备的外部资源,从而帮助企业降低成本。

我们以制造型企业为例,制造型企业的采购是一项复杂的活动,它包括了从生产计划到制定物料清单、提出采购申请、发送并确认采购订单、验收入库、支付货款的整个过程,除了专门负责采购的采购部以外,还需要其他部门的介入与配合,这些部门不仅包括企业内部的技术部、生产制造部、品管部、财务部、发货部等,还包括企业外部的供应商。在这个过程中,不同阶段的任务要由不同部门的人员来完成,这些人员包括采购员、技术员、生产需求人员、品管员、财务员、仓管员等,有了这些人员共同的积极配合才能保证采购流程的顺利完成。

在传统的采购流程中,采购员与其他部门的工作人员在信息沟通方面存在滞后性,造成了采购过程在采购流程设计阶段的高成本,并由此造成存货积压和待料停产并存,响应顾客需求迟钝等问题,在某种程度上增加了企业的总成本。

为此，企业对采购流程进行优化设计就很重要，而且有助于降低采购成本。一般来说，企业采购流程包括八个步骤，在实际工作中，企业可以根据实际需要对这些步骤进行优化：

1. 发现需求

这通常有两种方式：一种方式是企业内部由使用部门根据实际需要，规范地提出物料需求；另一种方式是采购部根据对以往采购经验的总结，预测采购需求，并交由物料使用部门确认。

2. 可行性研究

在提出采购需求后，关于是否需要采购，以及采购预算等问题，企业内部要进行多方科学研究，以确认是否采纳采购需求的主张。

3. 需求立项

企业经过可行性研究后，认为有必要进行物料采购，则要组建包括使用部门、技术部门、财务部门、决策部门、采购部门等的项目采购小组，推进采购工作。一般来说，项目采购小组的经办人通常是采购部工作人员。

4. 确定采购标准

要采购的物料都有哪些，这些物料的规格要符合哪些相应的标准规定，对供应商的选择有哪些硬性和软性规定等，项目采购小组在该阶段要形成完整、可操作的采购标准。

5. 制定采购方案

确定采购标准后，项目采购小组要根据采购物流的特点，确定适当的采购方案，并据此与相应的供应商进行沟通。在采购方案中，企业要确定采用何种采购方式，如集中采购、分散采购、招标采购等。

6. 选择供应商

采购人员一般会从大量供应商中去粗取精，确定一批重点供应商，并与这些重点供应商展开采购谈判。由于采购方不可能与所有供应商都去一一细谈，而是需要确定重点供应商作为谈判对象，因此，该阶段主要是确定采购谈判的对象。

7. 采购谈判

采购人员确定重点供应商后，就要与这些供应商展开谈判了。采购人员努力进行一场对供需双方都有利的双赢谈判，并取得建设性成果，为下一步的签订合同打下基础。

8. 签约履约

该阶段主要是签订采购合同，履行采购合同，确保采购工作按预期进度完成。

另外，在优化采购流程方面，随着互联网时代的到来，企业的采购工作越来越多地依靠网络平台完成，从而改善企业采购流程的运作模式，降低运作成本，缩短订单周期，更好地进行业务控制，提高企业的运营效率。

总之，成本一般都是在某个过程中形成的，采购成本也不例外。我们有效地优化采购流程，对于降低采购成本是有帮助的。

改进技术降成本

我们在前面曾提及用VA/VE法降低采购成本，其实，我们在这里所讲的技术降成本，主要就是运用VA/VE的思想，提高各种材料的通用化率。一般来说，材料在市场上越容易买到，采购成本往往越会相对较低。我们还可以寻找性价比更高的替代性材料，运用技术手段减少生产环节产品的单位耗用量，当然，这样做的前提是，务必保障产品正常的质量、功能和安全属性。

在实际工作中，利用技术降成本主要应用在产品设计阶段，既包括对新产品的开发，也包括对现有产品的改良；既包括产品本身的设计与优化，也包括产品包装的设计与优化。通过这些技术手段影响到产品的成本结构，尤其是降低成本。

一般来说，用技术降成本要获得有效实施，通常由采购部门来主导，与研发及技术部形成跨部门的功能小组，为了协调各部门的工作，企业管理层的领导者也宜介入，从而实现跨部门的横向协调。

在用技术降成本方面，我们主要提供四种方法，分别是通用化设计、新型化设计、轻量化设计与包装优化设计。如果我们采购的材料能够应用这些技术手段，一般会在一定程度上降低成本。我们接下来一一进行阐述。

1. 通用化设计

通用化一般是以互换性为前提的。所谓互换性，是指在不同时间、地点制造出来的产品或零件，在装配、维修时，不必经过修正就能任意地替换使用的性能。可见，通用化设计的目的就是最大限度地扩大同一产品（如元器件、部件、最终产品等）的使用范围，从而最大限度地减少产品（或零件）在设计和制造过程中的重复劳动。举例来说，现在不少家具产品采用板材组合的形式，各种板材事先按照规定尺寸做好，再配以统一的螺丝钉等紧固件，倘若其中一块板材坏了，同样规格的板材取来一件就可以替换使用，这种通用化设计就显著降低了材料成本。

2. 新型化设计

新型化设计是在不牺牲产品的正常功能与质量，包括产品安全属性的前提下，采用价格更低、功能相近，甚至更优的新材料作为替代。可见，新型化设计的本质是改变产品的材质。举例来说，在电器行业里普遍盛行以钢代铜，以工程塑料包装代替金属材料，以铝塑复合材料代替不锈钢或者纯铝质材料等，便是采用了新型化设计来降低成本。

3. 轻量化设计

轻量化设计是在不牺牲产品的正常功能与质量，包括产品安全属性的前提下，通过改良设计，调整产品结构或者产品配方，减少成本占比较大材料的单位耗用量。可见，轻量化设计的本质是减少材料用量。举例来说，在汽车行业，普遍盛行日系车比欧美系车"轻"的话题，原因是日系车大多采用轻量化设计，其中典型的就是日系车车门的关门声没有欧美系车的关门声重，这是因为日系车普遍采用了重量较轻的车门填充物，而欧美系车则大多采用比较厚重的车门填充物，这两种填充物一般不影响车门的正常开、关。

4. 包装优化设计

关于包装优化，采购人员要懂得，最终使用的是产品本身，包装最重要的功能就是保障产品的质量不被损坏，以及运输与搬运的需要，因而过度包装相当于浪费成本。关于包装规格，采购人员在与供应商签订合同时一定要明确规定。一般来说，包装的优化设计方法主要有：改变包装材质，比如用塑料包装代替纸质包装；多用标准包装或中性包装，减少包装物的种类，增强包装用品的通用性；增加包装的重复使用次数等。

  总的来说，通过技术改进的措施，可以针对物品本身有效降低其成本，从而降低采购成本。为了促进技术改进降成本的有效实施，采购人员在必要的情况下，还可以同供应商探讨有关生产技术改进的问题，这样的话，有利于降低采购物品自身的成本。

采购发展的五个阶段

在企业发展的不同阶段,采购管理的目标也会有所不同,基于目标的差异,采购管理的发展路径大致包括五个阶段。总的来说,采购的各个发展阶段在降低成本方面各有侧重点,我们接下来依次分析采购管理发展中的五个阶段。

阶段一:侧重于供料

该阶段的采购主要是确保有料,不影响正常的生产经营。这时的采购员从事的更多是行政类工作,比如一些成立不久的小公司,采购量一般较小,生产部门对采购物料定好要求后,采购员下单、跟单、收料、付款,所从事的工作内容相对比较简单。此时的采购,在管理上也比较粗放,对其他因素的考虑还比较少。

阶段二:侧重于价格

该阶段的主要目标是节省开支,采购员的角色也转变为"谈判员",比较重视通过降低采购价格来降低采购成本,甚至通过价格差将采购变成了一个"利润中心"。比如,有些公司利用规模优势,系统地取得最佳采购价,甚至帮别的公司采购,从中赚取到"价格差",这种情况下的采购,在一定程度上起到了"盈利"的作用。

阶段三：侧重于总成本

虽然降低采购价有助于节省采购支出，但是采购价只是成本价的一部分，甚至有时候，企业争取到了好的采购价，却是以牺牲其他成本为代价。举例来说，采购部以低于市场价的价格买来一台设备，采购部还因此受到企业领导的"嘉奖"，然而在使用中，维修成本却居高不下，于是这部分采购成本最终由使用部门埋单。在这种情况下，企业在采购管理中就要考虑到总成本，这就进入了采购管理的第三个阶段。

阶段四：侧重于需求管理

采购管理的前三个阶段，主要侧重于供应方面，也就是说，需求确定后，采购要以最经济的方式满足要求。但是这里存在一个问题，假如需求不合理，或者需求不够优化，那么后续的采购管理从某种程度上来说，是建立在不科学的基础上的。这时，采购管理就成了一种事后管理，具有一定的滞后性。

而在实际工作中，80%左右的采购成本是在采购需求设计阶段就决定了的，如果采购不能进入需求设计阶段，就意味着不能从源头开始遏制成本。因此，采购开始介入企业的需求设计和确定阶段，帮助企业做好设计和计划工作，这就使得采购进入了第四个阶段。在该阶段，采购部从专业的角度"管理"内部客户，实际上是在为内部客户和企业增值，比如帮助内部用户做好计划，说服内部客户更改不合理的要求，从而不给企业增加成本。处于该阶段的采购人员，往往需要具备一定的"领导力"，对外"管理"众多供应商，对内"管理"众多兄弟职能部门，这也是为什么在美国供应链管理协会推出的CPSM（Certified Professional in Supply Management，专业供应链管理认证）测试中，领导力成为其中三大认证模块之一。

阶段五：侧重于全面增值

在很多行业，采购几乎成为企业的核心竞争力。比如，在汽车制造业中，主机厂每100元的成本中，有80元左右需要付给供应商；在合同加工业中，人工成本相似，这时企业能否接到单，采购拿到的原料价格至关重要。在这种情况下，采购几乎成为企业的命脉，于是，采购逐渐上升到企业的战略层面。这时，采购不仅起着传统采购的作用，还对企业的增值活动负责，在企业的全面增值计划中扮演着重要角色，这就使采购进入了第五个阶段，也就是采购目前的最高阶段。在该阶段，采购作为企业与供应商的界面，处于独特的位置，起着理顺产品流、信息流和资金流的重要作用，从单一的谈判降价走向更高层次的流程优化、设计优化来降低成本，为企业全面增值。

总的来说，采购管理的上述五个发展阶段，在某种程度上也代表了采购在降低成本方面的进步，还在一定程度上指明了采购人员的工作方向，值得采购人员认真体味与总结。

案例分析：沃尔玛的全球采购

随着世界经济一体化的蓬勃发展，出于整合、利用全球的资源，在全世界范围内寻找供应商，从而寻找质量最好、价格合理的产品的目的，不少企业开始利用全球采购来降低采购成本，这使得全球采购发展起来。

实际上，我们平时听说的很多企业都布局了全球采购，比如丰田汽车、大众汽车、华为公司、苹果手机等企业。我们在此主要以全球最大的连锁超市沃尔玛为例，通过了解沃尔玛的全球采购来对全球采购有个直观的认识。

沃尔玛公司崛起于美国阿肯色州，主要涉足零售业，是世界上雇员最多的企业，曾连续三年在美国《财富》杂志世界500强企业中居首位。沃尔玛公司在全球有8500家门店，分布于全球15个国家。为了确保有力的市场竞争地位，沃尔玛在全球范围内进行采购，并且建立了全球采购网络，在全球设置了大中华及北亚区、东南亚及印度次大陆区、美洲区、欧洲中东及非洲区等四个区域；另外，沃尔玛公司还在每个区域内按照不同国家设立国别分公司，其下再设立卫星分公司。国别分公司是具体采购操作的主体，一般拥有工厂认证、质量检验、商品采集、运输以及人事、行政管理等关系采购业务的全面功能；卫星分公司则根据商品采集量的多少来决定拥有其中哪一项或几项功能。目前，沃尔玛的全球采购中心设在中国深圳。

一般来说，采购是一个比较复杂的过程，为了提高采购活动的科学性、合理性和有效性，必须建立和完善系统的采购流程，从而保证采购活动的顺畅进行。对于全球采购来说，其复杂性更是可想而知。我们接下来了解一下沃尔玛操作其全球采购的流程。

从组织设置上来说，全球采购办公室是沃尔玛进行全球采购的负责组织，其作用主要是在沃尔玛分布在全球范围的连锁超市买家和全球供应商之间架起买卖之间的桥梁。在沃尔玛超市具体实施的采购中，沃尔玛采取了这样的流程：

第一，筛选供应商。沃尔玛在采购中对供应商有严格的要求，不仅在提供商品的规格、质量等方面严加要求，还对供应商工厂内部的管理有严格要求。

第二，收集产品信息及报价单。沃尔玛通过电子确认系统（Electronic Data Interchange，EDI）向全世界4 000多家供应商发送采购订单及收集产品信息和报价单，并向全球2 000多家商场供货。

第三，决定采购的货品。沃尔玛有一个专门的采购小组负责采购，在经过简单的分类后，该小组会准备好样品，样品上标明价格和规格，但绝不会出现厂家的名字，然后通过互联网与沃尔玛全球主要店面的买家沟通，并由买家决定货品的购买。

第四，与供应商谈判。买家决定了购买的货品后，会和采办人员对待购产品进行价格方面的内部讨论，定下大致的采购数量和价格，再由采办人员同厂家进行细节和价格的谈判。谈判一般采取地点统一化和内容标准化的措施。

第五，审核并给予答复。沃尔玛要求供应商集齐所有的产品文献，包括产品目录、价格清单等，选择好样品提交，沃尔玛会在审核后的90天内给予供应商答复。

第六，跟踪检查。在谈判结束后，沃尔玛会随时检查供应商的状况，如果供应商达不到沃尔玛的要求，沃尔玛则根据合同解除双方的合作。

为了有效控制全球采购，沃尔玛的全球采购中心里有一个部门专门负责检测国际贸易领域和全球供应商的新变化，以及对其全球采购的影响，并据以制定和调整公司的全球采购政策。

一般情况下,沃尔玛的全球采购政策主要包括三个方面:一是永远不要买得太多,沃尔玛的通信卫星、GPS以及高效的物流系统使其能够以最快的速度更新其库存,真正做到"零库存"管理;二是价廉物美,沃尔玛的成功之道中,一个重要组成部分就是"价格便宜",所以"价廉物美"通常是沃尔玛采购的第一个要求;三是突出商品采购的重点,沃尔玛长期致力于在全球寻找最畅销的、新颖有创意的、令人动心并能创造"价值"的商品,从而吸引更多的顾客。

总的来说,作为一家"巨无霸"型的世界级连锁超市集团,沃尔玛的全球采购有效地支撑了沃尔玛的市场竞争力,也确保了沃尔玛"天天平价、始终如一"的经营策略的实施。

附录A 采购常见英文缩写对照

缩写	全拼	中文含义
MRP	Material Requirement Planning	物料需求计划
VPO	Vendor Purchase Order	供应商采购订单
ETD	Estimated to Departure	预计出发
ETA	Estimated to Arrival	预计到达时间
MIN / MAX	Minimum and Maximum	最小量与最大量
VMI	Vendor Management Inventory	供应商管理库存
VDPS	Vendor Daily Planning Schedule	供应商日生产安排
MAWB	Master Air Waybill	空运主提单
ERP	Enterprise Resource Planning	企业资源规划
SFC	Shop Floor Control	现场车间管制操作系统
MOQ	Minimum Order Quantity	最小订购量
MSQ	Maximum Supply Quantity	最大供应量
ATP	Available to Promise	可承诺量
AVL	Approved Vendor List	认可的供应商清单
BOM	Bill of Material	物料清单
BPI	Business Process Improvement	企业流程改进
BPR	Business Process Reengineering	企业流程再造
BSC	Balanced Score Card	平衡记分卡
BTF	Build to Forecast	计划生产
BTO	Build to Order	订单生产
CIM	Computer Integrated Manufacturing	计算机集成制造
CPM	Certified Purchasing Manager	采购经理认证
CRM	Customer Relationship Management	客户关系管理
CRP	Capacity Requirements Planning	产能需求规划
DMT	Design Maturing Testing	成熟度验证
DVT	Design Verification Testing	设计验证
DSS	Decision Support System	决策支持系统
EC	Engineer Change	工程变更

续表

缩写	全拼	中文含义
EC	Electronic Commerce	电子商务
ECRN	Engineer Change Request Notice	原件规格更改通知
EDI	Electronic Data Interchange	电子数据交换
EOQ	Economic Order Quantity	经济订购量
FMS	Flexible Manufacture System	弹性制造系统
FQC	Finish or Final Quality Control	成品质量管理
IQC	Incoming Quality Control	进料质量管理
ISO	International Organization for Standardization	国际标准组织
JIT	Just In Time	实时管理
LP	Lean Production	精益生产
LTC	Least Total Cost	最小总成本
LUC	Least Unit Cost	最小单位成本
MES	Manufacturing Execution System	制造执行系统
OLTP	On-Line Transaction Processing	在线交易处理
OPT	Optimized Production Technology	最佳生产技术
OQC	Out-going Quality Control	出货质量管理
PDCA	Plan-Do-Check-Action	PDCA管理循环
PDM	Product Data Management	产品数据管理系统
PO	Purchase Order	采购订单
PR	Purchase Request	采购申请
QA	Quality Assurance	品质保证
QC	Quality Control	质量控制
QE	Quality Engineering	品质工程
SCM	Supply Chain Management	供应链管理
SOR	Special Order Request	特殊订单需求
TOC	Theory of Constraints	限制理论
TPM	Total Production Management	全面生产管理
TQC	Total Quality Control	全面质量控制
TQM	Total Quality Management	全面质量管理
CPO	Chief Purchase Officer	首席采购官
R&D	Research & Design	研发与设计
TCA	Total Cost of Acquisition	总获取成本
ESI	Early Supplier Involvement	供应商早期介入
EAU	Estimated Annual Usage	预估每年需求量

附录B 采购常见英语场景

1. Your price is acceptable (unacceptable).
   你方价格可以(不可以)接受。

2. Your price is attractive (not attractive).
   你方价格有吸引力(无吸引力)。

3. Your price is competitive (not competitive).
   你方价格有竞争力(无竞争力)。

4. Business is closed at this price.
   交易就按此价敲定。

5. Price is turning high (low).
   价格上涨(下跌)。

6. Since the prices of the raw materials have been raised, I'm afraid that we have to adjust the prices of our products accordingly.
   由于原材料价格上涨,恐怕我们不得不对产品的价格做相应的调整。

7. We regret we have to maintain our original price.
   很遗憾我们不得不保持原价。

8. Everyone knows, the price of crude oil has greatly decreased.
   人人皆知,目前原油价格大幅度下跌。

9. We're ready to reduce the price by 5%.
   我们准备减价百分之五。

10. Business is possible if you can lower the price to HK$2 150.
    你方若能减价到2 150港币,可能成交。

11. Don't you wish to employ RMB of ours? US Dollars might be adopted.

    如果你们不同意用我们的人民币结算，美元也可以。

12. In case F.O.B. is used, risks and charges are to be passed over to the buyers once the cargo is put on board the ship.

    如果采用离岸价，货一上船，货物的风险和费用就都转给买方了。

13. A: We can offer you this in different levels of quality.

    B: Is there much of a difference in price?

    A: Yes, the economy model is about 30% less.

    B: We'll take that one.

    A: 我们可以提供三种不同等级品质的产品。

    B: 价钱也有很大的分别吧？

    A: 是的，经济型的大约便宜30%。

    B: 我们就买那种。

14. A: Is this going to satisfy your requirements?

    B: Actually, it is more than we need.

    A: We can give you a little cheaper model.

    B: Let me see the specifications for that.

    A: 这种的合你的要求吗？

    B: 事实上，已超出我们所需要的。

    A: 我们可以给你提供便宜一点的规格的。

    B: 让我看看它的规格说明书吧。

15. A: The last order didn't work out too well for us.

    B: What was wrong?

    A: We were developing too much waste.

    B: I suggest you go up to our next higher price level.

    A: 上回订的货用起来不怎么顺。

    B: 有什么问题吗？

A：生产出来的废品太多了。

B：我建议您采用我们价格再高一级的货。

16. A：Did the material work out well for you?

    B：Not really.

    A：What was wrong?

    B：We felt that the price was too high for the quality.

    A：那些材料用着怎么样？

    B：不怎么好。

    A：怎么啦？

    B：我们觉得以这样的品质价钱太高了。

17. A：You are ready to take your order now.

    B：We want to try this component as a sample.

    A：I can send one for you to try.

    B：Yes , please do that.

    A：你们现在可以准备下订单了。

    B：这种组件我们想试个样品看看。

    A：我可以寄给你试用。

    B：好，那就麻烦你了。

18. A：We can't handle an order that small.

    B：What is the minimum we would have to order?

    A：300 pieces.

    B：I see, send those, then.

    A：这么少的数量，我们不能接受。

    B：那么我们至少得订多少呢？

    A：300个。

    B：哦，那就300个吧。

19. We are willing to enter into business relationship with your company on the basis of equality and mutual benefit.

    我们愿在平等互利的基础上与贵公司建立业务关系。

20. Our company is thinking of expanding its business relationship with China.

    我公司想扩大与中国的贸易关系。

21. For the past five years, we have done a lot of trade with your company.

    在过去的五年中,我们与贵公司进行了大量的贸易。

22. To respect the local custom of the buying country is one important aspect of China's foreign policy.

    尊重买方国家的风俗习惯是中国贸易政策的一个重要方面。

后记　从小采购到大采购

采购作为企业的一项职能，在其发展史上，从被动接受内部采购命令、分散采购，逐渐转变成主动以市场导向开展采购，并趋向于集中采购。从某种程度上来说，采购职能由原先的"微不足道"，进化为在企业内部起到举足轻重作用的战略职能，实现了从"小采购"到"大采购"的"华丽转身"。

其实，对于一个采购从业者的职业发展历程来说，往往也是经过了从"小采购"到"大采购"的转变。那么，这种转变主要体现在哪些方面呢？

第一，"小采购"与"大采购"的工作对象不同。小采购围绕订单转，大采购则围绕供应商转。一般来说，一个人刚开始从事采购工作时，其工作内容大多围着订单和采购项目转，比如下单、跟单、催单、交货、验货、收货等，所做的工作相对比较简单，有些偏向行政文秘类；当一个人在采购领域有了一定的职业积淀时，其工作内容会上升到一个新的台阶，面临的工作对象也将上升到围绕供应商展开工作，比如评价、筛选、管理供应商，提高供应商的绩效，根据需要将供应商纳入产品早期开发阶段，充分发挥供应商的优势。可以说，大采购更注重解决根本性的问题，这是因为，订单层面的问题通常源于供应商因素，能够管好供应商，自然可以在很大程度上控制订单层面的问题。

第二，"小采购"与"大采购"所处的层次不同。小采购所做的工作大多比较简单，很大程度上是帮企业内别的部门"花钱买东西"，有些类似于"打杂"，正因为工作技术含量低，因而从事小采购的职员通常地位不高、待遇不佳。大采购则是超越了简单的"持币购物"的层面，而是为企业管理供应商资源。正如我们前面所述，企业的增值活动有60%左右发生在供应商处，供应商是企业价值链的重要组成部分，采购则是运营供应链的主力，对控制产品成本和质量有着至关重要的作用。因此，采购成为企业内部与设计和营销平等合作的伙伴，在企业内部居于重要战略层面。可以说，采购时"省了钱"，可以有效放大企业节约成本的效应。

第三，"小采购"与"大采购"的导向不同。作为小采购，主要是按照设计和生产的需要，找到合适的供应商，并要求供应商在需要的时间内交货即可。采购主要是执行设计和生产部门委托的采购任务，至于企业内部的采购需求怎样产生、是否正确则与自己无关。大采购则是兼顾需求管理。据调查，供应商所出的问题，很多时候是采购方内部需求的问题造成的，比如内部需求定义不清楚导致供货失误，内部需求仓促导致交货期延迟等。基于此，采购要通过增进与企业内部客户，如设计和生产部门的沟通来更加有效地管理需求，这样，在理顺企业内部需求的同时，也就有效地解决了供应商层面的很多问题。

总的来说，企业的采购职能正在不断地从小采购过渡到大采购，采购从业者在工作中即便一时从事小采购的具体工作，也必将从小采购转变为大采购，这是采购发展的必然趋势。

最后，祝大家在采购平台上成就自己的人生大业！